Geschichten von bösen Schwiegermüttern sind keine Märchen. Sie gehören auch heute zum typischen Beziehungsalltag. Doch wie wird die Mutter heute zur Rivalin? Blickt man in die vielfach erschienenen »Männerbücher«, findet man das Ergebnis: durch die herrschenden Familienverhältnisse. Der Vater ist den ganzen Tag abwesend, abends will er seine Ruhe. Die Folge: Symbiose mit der Mutter, Distanz zum Vater. Die Mutter ist es, die den Sohn erzieht, die seine Entwicklung zum Mann bestimmt, die ihn prägt. Die Möglichkeit, stabile Bindungen zu Mutter und Vater gleichzeitig zu leben, bietet sich selten.

Der Sohn schafft es in dieser Konstellation nur schwer, sich von der Mutter zu lösen, sich zu distanzieren und sich unabhängig zu machen. In der Mutter-Sohn-Symbiose hat keiner gelernt, den anderen loszulassen, erwachsen zu werden. Und so sind rivalisierende Schwiegermütter einfallsreich, wenn es darum geht, den Sohn weiterhin abhängig zu halten und der Schwiegertochter das Leben schwer zu machen. Die niederschmetternde Bilanz: Die Schwiegertöchter sind die Leidtragenden, Konflikte mit der Mutter des Ehemanns sind vorprogrammiert. Gerade dort, wo der Sohn sich von der Mutter befreit glaubt – in der Ehe –, werden die Probleme besonders deutlich.

»Schwiegermütter – Schwiegertöchter« bietet Erlebnisprotokolle, eine theoretische Erarbeitung des Themas und einen Ratgeberteil für Schwiegertöchter. Zu Wort kommen Schwiegermütter, Söhne und vor allem viele Schwiegertöchter.

Regine Schneider lebt als freie Autorin und Journalistin in Hamburg. Sie ist Autorin der Sachbücher »Powerfrauen«, »Gute Mütter arbeiten«, »Krisen als Chancen« und des Romans »Wenn die Liebe hinfällt« (Wolfgang Krüger Verlag).
Clemens von Luck arbeitet als freier Journalist mit den Schwerpunkten Gesellschaft, Kultur und Psychologie und ist Autor des Sachbuchs »Innere Kündigung in Beziehungen« (Wolfgang Krüger Verlag).

Regine Schneider
Clemens von Luck

Schwiegermütter

Schwiegertöchter
Eine schwierige Beziehung

Fischer Taschenbuch Verlag

Veröffentlicht im Fischer Taschenbuch Verlag GmbH,
Frankfurt am Main, Juli 1996

Lizenzausgabe mit freundlicher Genehmigung des
Wolfgang Krüger Verlages, Frankfurt am Main
© 1994 S. Fischer Verlag GmbH, Frankfurt am Main
Druck und Bindung: Clausen & Bosse, Leck
Printed in Germany
ISBN 3-596-13198-7

Gedruckt auf chlor- und säurefreiem Papier

Dank an »Übermutter« Margot für die jederzeit offene Unterstützungsarbeit, Iris für die erfolgreiche Recherche in Minneapolis und allen Interviewpartnern, die uns ihre persönliche Geschichte anvertraut haben.

Inhalt

1
Ein Problem – drei Perspektiven

Lieber Ex(!?)
Liebe macht blind! So blind, daß man alle Signale übersieht. Oder übersehen will. Oder daß man sich einbildet, den biege ich mir schon hin. Heute würde mir das nicht mehr passieren. Aber damals war ich naiv. Wie war ich in Dich verliebt. Bis über beide Ohren. Du warst (und bist) genau mein Typ. Groß, dunkle Haare, volle, weiche Lippen. Sehr sportlich. Ein Grübler. Etwas wortkarg. Aber charmant.
Viel zu schnell habe ich beschlossen, ich wollte mit Dir zusammenbleiben. Ich wollte immer mit Dir zusammen sein. Tag und Nacht. Nach fünf Monaten hatte ich Dich soweit: Ich zog aus meinem Einzimmerappartement aus und bei dir ein. Eingelullt vor Freude, Dich endlich ganz für mich zu haben. Und voller Erwartungen. Daß ich damit ins Haus Deiner Mutter zog, war kein Problem für mich. Ich bin ein unkomplizierter umgänglicher Mensch und dachte, mit der Dame werde ich schon klarkommen.
Nur einmal, als ich Pläne machte, wie wir unsere Möbel zusammenstellen könnten, hast Du gebrummelt, es gehe Dir alles ein bißchen zu schnell. Ansonsten hast Du zu meinen spontanen Einfällen nie viel gesagt. Hast mich immer machen lassen. Ist ja auch einfacher, als eigene Entscheidungen zu fällen, nicht wahr? Dann kann man sich hinterher bequem aus der Affäre ziehen. Tja, ich fackel eben nicht so lange wie Du. Ist ja auch

gut. Wenn zwei sich nie entscheiden können, wie schrecklich. Schließlich hast Du gleich hinterher gesagt, Du möchtest ohne mich nicht mehr leben.

Kurz vorm Umzug hast Du ziemlich kleinlaut überlegt: »Was wird Mutti dazu sagen?« Konnte ich verstehen, schließlich hattest Du uns bis dahin noch nicht mal vorgestellt. Ich hatte mir aber keine Gedanken drüber gemacht. Das Vorstellen konnten wir ja nachholen. Na, jedenfalls stand ich dann mit dem Möbelwagen vor Deiner Tür. Wir hatten gerade die erste Kiste hereingetragen, da kam Deine Mutter die Treppe herunter. Optisch eigentlich eine mütterliche Person. Klein, rund, graue Dauerwelle, Goldrandbrille. Ganz schick. Aber weder herzlich noch warm.

Unser erstes Zusammentreffen war eine merkwürdige Begegnung. Du sagtest plötzlich ganz verlegen: »Das ist Lena.« Deine Mutter musterte mich über ihren Brillenrand und sagte knapp und förmlich: »Sehr erfreut.« Mehr nicht. Dabei machte sie einen sehr unerfreuten Eindruck. Ich wunderte mich, daß Du ihr gegenüber so herumgedruckst hast. Plötzlich fiel mir ein, was mir ganz zu Anfang aufgefallen war: Immer, wenn ich Dich abholte, fühlte ich mich von Dir abgefangen. Ehe ich Euer Haus richtig betreten konnte, warst Du immer schon fix und fertig und kamst eilig heraus. Und ich war ja auch nur in Deiner Wohnung, als Deine Mutter verreist war. Ich habe das aber verdrängt. Es kam jedoch wieder hoch, als ich Deine Mutter kennenlernte.

Ich habe mir große Mühe gegeben, sie für mich einzunehmen. Habe sie freundlich begrüßt und ihr gesagt, wie sehr ich mich freue, sie kennenzulernen. Du schwiegst. Sie auch. Als wir alles eingeräumt hatten, lud sie uns doch ein, sie hatte Frikadellen und Kartoffelsalat gemacht. Fand ich unheimlich nett. Ich hatte ein Biedermeiersträußchen besorgt und es ihr geschenkt. Sie stellte es nicht in eine Vase, sondern legte die Blumen achtlos in die Küche – mir fiel es sofort auf, Du hast es gar nicht registriert – und sagte dann: »Sie haben sicher nichts dagegen, wenn wir unsere bewährten Gewohnheiten beibehalten, obwohl Sie jetzt hier wohnen?« Was Eure »bewährten Gewohnheiten« waren, wußte ich nicht. Ich traute mich auch nicht, danach zu fragen. Und weil ich kein Eindringling oder Störenfried sein wollte, sagte ich: »Natürlich habe ich nichts dagegen.« Ich dachte, wird schon nicht so schlimm sein. Ich sollte es bald erfahren.

Bis dahin hatte Deine Mutter für Dich gesorgt und Deine Wohnung in Ordnung gehalten. Jeden Morgen ging sie einkaufen, kochte das Mittagessen und stellte einen dampfenden Topf mit Essen auf Deinen Herd, den Du abends nur warm machen mußtest. Sie hatte natürlich einen Schlüssel zu Deiner Wohnung. Und offensichtlich meinte sie mit »unsere Gewohnheiten«, daß sie den weiter benutzte. Und zwar so, wie sie es für richtig hielt.

Ich aber lag morgens, wenn sie hereinkam und diesen verdammten Topf hinstellte, oft noch im Bett. Ich kann ja am besten nachts arbeiten und schlafe dann gern lange. Deiner Mutter war das offenbar ein Dorn im Auge. Jeden Vormittag machte sie einen Höllenlärm. Ich empfand ihre Schlüsselgewalt als Eindringen in meine Intimsphäre. Was ging es sie an, wie ich mir den Tag einteilte? Ich traute mich aber nicht, das zu sagen. Irgendwie spürte ich damals schon, daß ich gegen eine verschworene Gemeinschaft ankämpfen mußte.

Vom ersten Tag an hatte ich den Eindruck, daß Deine Mutter nicht sehr begeistert von unserer Beziehung war. Ich fühlte mich unbehaglich in ihrer Gegenwart. Sie wirkte unnahbar und überkorrekt. Sie gab sich alle Mühe, es mir schwer zu machen. Andererseits wollte ich das nicht wahrhaben und habe mit der Situation gehadert. Doch ich wollte nicht gleich zu Anfang Front machen. Du hast mir ja oft gesagt:»Sei nicht immer so empfindlich. Leg nicht alles auf die Goldwaage.« Doch, ein einziges Mal habe ich mich getraut und höflich gesagt, daß ich nicht möchte, daß sie uns bekocht und bei uns hereinkommt. Da hat sie nur sehr bestimmt geantwortet:»Einmal am Tag muß mein Junge warm essen.« Hätte noch gefehlt, daß sie gesagt hätte:»Bei Dir kriegt er ja nichts zu essen.« Du hast geschwiegen, wie immer! Und es blieb dabei. Ich will Dir jetzt endlich einmal sagen, wie ich das sehe, mein Lieber: Ich hätte es für selbstverständlich gehalten, daß sie mir ihren Schlüssel überreicht hätte und sich nicht mehr um Deinen/unseren Haushalt kümmert. Daß sie sich überhaupt nicht in unsere Angelegenheiten mischt. Daß sie sich um ihren Kram kümmert und unseren unseren sein läßt! Aber zumindest, daß sie mich fragt, ob es mir so recht ist. Doch damals wollte ich keinen Streit und gab mir Mühe, ihre Zudringlichkeit zu ignorieren. Dachte, gut, sieh es positiv, es spart uns ja wirklich Arbeit. Ich beruhigte mich, das wird sich legen, wenn sich erst mal alles eingependelt hat, wenn sie sich an mich gewöhnt hat. Schließlich war ich die erste Frau, die in Euer Heiligtum gezogen war. Heute denke ich, Deine Mutter hat nur zugestimmt, weil Du schon 34 warst und die Nachbarn sich wohl langsam wunderten. Die Nachbarn sind ja das einzige, was Deine Mutter interessiert.

Ich hatte von Anfang an gesagt, daß ich Dir keine Hemden bügele, auch nicht allein die Wohnung und die Fenster putze. Wir haben abgemacht, daß wir das samstags gemeinsam machen.

Deine Mutter machte deutlich, daß meine »Studiererei« keine richtige Arbeit sei, im Gegensatz zu dem, was du machst. Du hattest gerade das Assessment-

Center bei der Immobilien-Holding mit Bravour bestanden und warst dort angestellt worden. Sie sagte mir natürlich nie ins Gesicht, daß sie fand, daß ich für den Haushalt zuständig sei. Sie betonte nur immer so merkwürdig: »I C H brauche jeden Morgen gerade mal zwei Stunden, dann bin ich mit meinem Haushalt durch und habe den ganzen Tag Zeit für andere Dinge. Ein Mann würde mir nur im Wege stehen.« Heute ist mir klar, Deine Mutter hatte Dich noch nie in ihrem Leben mit einem Staubsauger oder einem Fensterleder gesehen. Es muß sie sehr befremdet haben. Daß ich vor drei anstrengenden Seminaren nicht noch durch die Wohnung wirbeln wollte, interessierte sie nicht.

Weißt du noch, eines Abends überraschte sie Dich dabei – sie war wieder einfach hereingekommen, Du hattest nichts dazu gesagt –, daß Du einen Knopf an Deine Hose nähtest. Sie nahm Dir alles aus der Hand und machte es für dich. Am nächsten Morgen kam sie dann nicht nur mit dem Essenstopf, sondern brachte auch gleich ihr Bügeleisen und ihren Staubsauger mit, stellte die Sachen demonstrativ in den Flur, so daß ich fast darüber gestolpert wäre. Als ich von der Uni nach Hause kam, war die Wohnung gemacht, einschließlich der Fenster. Als ich sie im Flur traf, sagte sie mit Leichenbittermiene: »Das war dringend nötig.«

Da habe ich mich das erste Mal richtig mies gefühlt. Ich kam mir vor wie die letzte Schlampe, und das wollte sie ja auch bezwecken. Oder? Ich gebe zu, ich war nachlässig mit der Wohnung. Aufgeräumt war nicht, und gestaubsaugt hatten wir 14 Tage vorher das letzte Mal. Jedenfalls hatte sie es geschafft, daß ich mich fühlte wie ein Schulkind, das seine Hausaufgaben nicht ordentlich gemacht hat. Irgendwie steckt diese elende weibliche Sozialisation wohl noch in mir drin. Meine Mutter ist ja auch immer so picobello.

Deshalb sollst Du endlich zur Kenntnis nehmen: Ich habe überhaupt kein dickes Fell. Ich bin auch nicht so selbstbewußt, daß solche Übergriffe an mir abgeprallt wären. Es war mir absolut keine Hilfe, wenn Du an mein Selbstwertgefühl appelliert hast. Ich fühlte mich von Deiner Mutter abgeurteilt und nicht akzeptiert. Und damit ging es mir ziemlich schlecht. Du bist da immer so einfach drüberweggegangen, als sei es mein Problem. Klar, ich konnte mir meine Zeit ja wirklich besser einteilen als Du. Jedenfalls hat Deine Mutter erreicht, daß ich mich plötzlich unwohl fühlte, wenn ich getrocknete Regenspritzer auf den Fenstern sah, wenn ich um elf immer noch im Bett lag, wenn ich die ganze Woche nicht gesaugt hatte, wenn eine Staubflocke herumflog, wenn sich Deine ungebügelten Hemden stapelten ... Und darüber war ich wütend. Bis dahin hatte ich gedacht, sie muß sich an mich gewöhnen. Aber da wurde mir klar, sie hat mir den Kampf angesagt. Sie akzeptiert mich nicht, und das zeigt sie mir auf ihre Art.

Von da an wurde ich hellhöriger für ihre dauernden Kommentare. Gingen wir in der Woche mal aus, ritt sie drauf rum: »Du kannst ja morgen bis in die Puppen im Bett herumliegen.« Hatte ich ein neues Kleid: »Hast du Ludger mal wieder herumgekriegt?« Wenn ich herzhaft lachte: »Warum gackert sie so herum?« Und wenn ich ernst war: »Ist sie wieder beleidigt?« Hatte ich frisch lackierte Nägel: »Soviel Zeit möchte ich auch mal haben.« Was ich auch tat, es wurde negativ bewertet und kommentiert. Das finde ich überhaupt nervig an Deiner Mutter, alles muß sie aburteilen. Sie kann nichts stehenlassen. Alles wird in die passende Schublade gesteckt, bewertet und für schlecht befunden. Sie kann an nichts ein gutes Haar lassen. Sie kann nicht mal neutral bleiben.

Erinnerst Du Dich? Ich habe versucht, mit Dir darüber zu sprechen. Aber Du hast nicht Stellung bezogen, sondern sie in Schutz genommen. Hast alles damit entschuldigt, daß sie eben anders denkt als unsere Generation und daß sie schließlich viel für uns tut. Und dann hast Du gesagt, daß Du Dich aus unserem Konflikt heraushalten willst, weil Du findest, daß das unsere Sache sei. Ich habe mich immer noch gefügt, weil Ihr mich verunsichert habt. Zwei gegen einen. Ich fühlte mich schlecht und habe immer darüber nachgedacht, was ich nur falsch mache. Habe Kompromisse über Kompromisse gemacht.

Habe es sogar geschluckt, daß sie zu Dir gesagt hat, »Du fütterst ein Luxusgeschöpf mit durch.« Das hat mich sehr gekränkt. Gut, ich hatte nur Bafög, und dadurch, daß wir zusammenlebten, konnte ich meinen Kellnerinnenjob aufgeben. Dafür habe ich aber auch schneller und intensiver studiert.

Deine Mutter wurde darüber immer schmallippiger. Auch von meinem Äußeren her paßte ich nicht ins Bild. Deine Mutter legte großen Wert auf adrette Kleidung. Zu Weihnachten hat sie mir ein Betty Barcley-Kleid geschenkt. Für meinen Geschmack viel zu brav. Ich liebe eben meine schwarze Lederhose. Du fandest anfangs meine »unspießige Kleidung« gut. Hast Dir sogar irgendwann mal selbst eine Lederhose gekauft, wozu deine Mutter dann sagte »Um Gottes willen, jetzt will der auch so herumlaufen.« Danach hast Du sie nur noch angezogen, wenn Deine Mutter nicht da war, Du feiger Hund. Das ist mir aber erst viel später aufgefallen.

Ich habe mich schließlich daran geklammert, daß es anders wird, wenn wir erst verheiratet sind. Als Deine Frau mußte sie mich ja respektieren, habe ich gehofft. Und ich habe an unsere Liebe geglaubt. Habe gedacht, schließlich beweist er durch eine Heirat, daß er voll und ganz zu mir steht, also muß auch seine Mutter zu überzeugen sein. Ich hätte nie gedacht, daß Du mir in den Rücken fällst. Wie war ich blauäugig!

Unsere Hochzeit wurde eine Katastrophe. Mal abgesehen davon, daß sie sich natürlich in alle Vorbereitungen eingemischt hat, hatte sie beim Mittagessen zuviel Wein getrunken und wollte nach dem Anschneiden der Hochzeitstorte plötzlich »Mutti« von mir genannt werden. Wieder in diesem Ton, der keine Widerrede duldete. Das hat mir die Sprache verschlagen. Wie sollte ich zu einer Frau »Mutti« sagen, die mich offensichtlich so wenig mochte? Ich hätte noch akzeptiert, daß sie mir das »Du« anbietet, weil es sich halt gehört. Ich hatte schon überlegt, daß ich sie »Lotti« genannt hätte, oder eine direkte Anrede erst mal vermieden hätte. Aber »Mutti«, das war mir zuviel. Ich habe dann meinen ganzen Mut zusammengenommen und mit zittriger Stimme gesagt: »Das kann ich nicht.« Sie lief blutrot an, rannte wütend aus dem Saal. Und Du hinterher. Eine halbe Stunde wart ihr verschwunden. Dann kamt ihr wieder herein, und Du sagtest vorwurfsvoll zu mir: »Mußte das sein? Das hättest Du Dir doch wohl verkneifen können. Du hast Mutti die ganze Hochzeit verdorben.« Da dachte ich: »Er tut, als sei es ihre Hochzeit und nicht unsere.« Und ich fühlte mich von Dir verraten. Habe gedacht: »Jetzt ist er mir offen in den Rücken gefallen. Und das, wo wir gerade den Bund fürs Leben geschlossen haben.« Ich war den Tränen nahe. Und es hat einen Keil zwischen Dich und mich geschoben. Ich habe zwar geschwiegen, aber nachts, als Du mit mir schlafen wolltest, konnte ich nicht. Ich war zu verletzt. Ich fühlte mich Dir nicht mehr nah genug. Von Dir hatte ich erwartet, daß Du zu mir hältst. Daß Du mich unterstützt. Daß Du mir die Stange hältst und mich bestätigst. Du hättest zu mir stehen müssen.

16

Dir war der Zwischenfall sehr unangenehm, und Du hast von Dir aus versucht, mich umzustimmen: »Sei doch nicht so«, hast Du wieder gesagt, »nimm sie doch, wie sie ist. Stell dich nicht an.« Aber da war der Groschen bei mir längst gefallen. Die gleichen Worte hättest Du zur Abwechslung ja mal zu Deiner Mutter sagen können. Du hättest sie mal zurechtweisen können, nicht immer mich. Statt Deiner Mama ständig auf den Schoß zu hüpfen oder Dich rauszuhalten, hättest Du sie mal schütteln müssen, damit sie sich besinnt. Nicht ich war der Störenfried. S I E !

Du dagegen hast nie verstanden, wie getroffen ich von ihrem Verhalten war. Sie hat mich gekränkt und verletzt durch ihre Nichtakzeptanz. Und Du mit, weil Du mich nicht ernst genommen hast. Du hast meine Gefühle als die überzogenen Marotten eines überempfindlichen Mädchens abgetan.

Nach unserer Hochzeit habe ich angefangen, mich zu wehren. Als ich mit dem Studium fertig war und eine Assistentenstelle hatte, drängte ich Dich, uns eine andere Wohnung zu suchen. Mir war klargeworden, ich würde mit Deiner Mutter nicht auskommen. Schon gar nicht unter einem Dach, wo man sich täglich in die Arme läuft. Ich hätte einen anderen Menschen aus mir machen müssen, und heute bezweifele ich, ob ich Deiner Mutter dann recht gewesen wäre. Wahrscheinlich muß sie sich eine Schweigertochter backen.

Erst hast Du gesagt, in Ordnung. Dann haben wir Annoncen gewälzt, und Du hast angefangen, mir aufzuzählen, was wir uns alles nicht mehr leisten können, wenn wir uns auf dem teuren Wohnungsmarkt eine Wohnung suchten. Bei Deiner Mutter sei alles viel günstiger und bequemer. Daß du dann nicht mehr Motorrad und BMW fahren kannst, daß Du nicht mehr Segelfliegen kannst, daß Du auf Deine teuren Desi-

17

gnerklamotten verzichten mußt, daß Du … ach was soll's, immer nur Du, Du, Du. Dann ist Dir eingefallen, daß Du nicht ausziehen willst, solange wir uns kein eigenes Haus leisten können. Und als das nicht zog, fiel Dir plötzlich ein, daß man eine so alte Frau nicht ganz allein in so einem großen Haus sich selbst überlassen könne. In diesen Zeiten. Du wolltest, daß ich mir mit Deiner Mutter mehr Mühe gebe. Ich habe lange darüber nachgedacht. Und bin zu dem Schluß gekommen, Du bist ein Muttersöhnchen, mein Lieber! Und solange Du Dich nicht von Deiner »Mutti« löst, habe ich gar keine Chance. Ich habe Dir gesagt: »Gut, dann suche ich mir eine Wohnung. Ich möchte nicht, daß Deine Mutter weiter zwischen uns steht.« Das habe ich getan. Und nun hängt es von Dir ab, was aus unserer Beziehung wird.

Deine Lena

Meine Liebe,

vielen Dank für Deinen ausführlichen Brief. Allerdings war ich zuerst einmal nur platt. Ich konnte kaum glauben, wie Du unsere Beziehung siehst. Unabhängige Amazone geht Muttersöhnchen auf den Leim, so ungefähr? Wenn Du es so willst, sage ich Dir, wie ich Dich sehe: Schwarze Lederhose will in Wirklichkeit weißen Schleier! Mal abgesehen davon, daß beides schwer unter einen Hut zu bekommen ist, nehme ich Dir die Rebellin schon lange nicht mehr ab. Inzwischen glaube ich, daß Du mit diesen forschen Lederklamotten nur verdecken wolltest, wie ähnlich Du denjenigen bist, über deren Spießigkeit Du Dich so gern aufregst. Im Grunde bist Du eine Frau, die wie viele andere den romantischen Traum von der rundum glücklichen Zweierkiste im Kopf hat! Wogegen ja auch nichts einzuwenden ist, wenn Du nur dazu gestanden hättest.

Kannst Du Dir nicht vorstellen, wie schwer und nervenaufreibend eure »Grabenkämpfe« auch für mich waren? Du wußtest ganz genau, wie sehr ich diese Sticheleien zwischen Euch, die für mein Empfinden viel zu oft unter die Gürtellinie gingen, hasse. Und trotzdem, meine Liebe, hast Du mich damit ganz schön unter Druck gesetzt. Auch von mir hast Du ja im Grunde erwartet, beides in einem zu sein, je nach Situation, mal wilder Freigeist und dann wieder verläßlicher Ehemann.

Doch nun der Reihe nach: Im allerersten Moment wollte ich Deinen Brief gleich in den Papierkorb werfen. Ich konnte einfach nicht glauben, wie einfach Du es Dir machst. Darüber war ich richtig verdattert. Und irgendwie stocksauer. Aber dann habe ich den Brief noch einmal gelesen. Und noch mal. Jetzt sind vier Tage vergangen, ich sitze am Schreibtisch, müßte eigentlich längst das Brindberg-Konzept abgeliefert haben, und kriege es doch nicht aus dem Kopf. Nicht zu fassen, wieviel Unausgesprochenes sich schon in drei Jahren aufstauen kann.

Vor allem Dein letzter Satz geht mir nicht aus dem Kopf: »Nun hängt es von Dir ab, was aus unserer Beziehung wird.« Typisch. Typisch für Dich. Du warst immer schneller. Mit Deinen spontanen Einfällen und Plänen, beim Einkaufen, beim Urlaub buchen (stimmt, ich schlafe gern eine Nacht drüber, wenn mir eine Entscheidung wichtig ist). Genau wie mit Deinem Auszug aus unserer Wohnung.

Ach was, schon mit Deinem Einzug. Hast Du vergessen, daß Du es warst, die unbedingt zu mir ziehen wollte? Während ich noch überlegte, warst Du schon in meiner Wohnung. Ich hätte wohl mehr auf mein ungutes Bauchgefühl hören sollen, als Du mit all Deinen Möbeln plötzlich vor meiner Tür gestanden hast. Im Grunde hätte ich schon hellhörig werden müssen, als Du alle meine Einwände, darauf zu warten, bis wir eine eigene Wohnung gefunden haben, in den Wind geschlagen hast. Ich habe mich bemüht, das Positive an Deinem schnellen Einzug zu sehen. Aber im Grunde fühlte ich mich überrumpelt.

Okay, die Aussichten auf dem Wohnungsmarkt waren nicht gerade rosig bei unseren finanziellen Möglichkeiten. Und ich gebe gern zu, daß mich Dein grenzenloser, unbefangener Optimismus fasziniert hat. Ich habe Dich oft um Deine Euphorie beneidet. Wie Du unsere Zukunft innerhalb weniger Augenblicke geregelt und in den schillerndsten Farben ausgemalt hast, das hat alle meine Bedenken wie ein Tornado weggefegt. Ich kam mir regelrecht spießig vor mit meinen »vernünftigen« Einwänden. Mit Deiner Leichtigkeit und Bestimmtheit, habe ich gedacht, muß jedes noch so drückende Problem nebensächlich werden. Auch, was das Zusammenleben mit meiner Mutter angeht.

Ich wußte, daß es mit meiner Mutter nicht einfach sein würde. Das habe ich auch immer offen gesagt. Aber Du hast nur gelacht und behauptet: »Das geht alles, wenn man wirklich will«, und ich würde das nur sagen, weil ich nicht mit Dir zusammenziehen wolle. Immerhin ist es ihr Haus, in das plötzlich eine quasi Fremde einziehen sollte. Na ja, im nachhinein finde ich es kein Wunder, daß Eure erste richtige Begegnung kein voller Erfolg war.

Ich habe sie Dir nie richtig vorgestellt, weil ich dachte, ihr beide macht das schon. Das war aus heutiger Sicht sicherlich ein Fehler. Einfach naiv, meinetwegen auch feige. Vielleicht wäre sonst alles ganz anders gelaufen. Aber ich hatte auch Angst davor, daß zwei so dominante Menschen wir Ihr aneinandergeraten könntet. Im Pläneschmieden und Sichdurchsetzen könnt Ihr Euch ja wirklich das Wasser reichen.

Ich fühlte mich jedenfalls ziemlich schnell als Prellbock. Aber das habe ich erst später begriffen. Du auf der einen Seite mit Deinen tausend Ideen (Du wolltest gleich eine neue Wand ziehen, damit wir einen getrennten Eingangsbereich haben). Auf der anderen Seite meine Mutter, die hier seit 28 Jahren lebt und naturgemäß ein gewisses Hausrecht beansprucht. Mit allen Macken, die sie dabei hat. Das ernst zu nehmen, das wäre etwas gewesen, was ich unter Großfamilie verstehe. Daß man auch mit den manchmal verschrobenen Belangen Älterer zu leben lernt.

Etwas was Du, liebe Lena, von Anfang an gar nicht wirklich gewollt hast. Ich denke, Du warst besessen von der Idee, ganz schnell mit mir zusammenzuziehen. Fast schon besitzergreifend, als ob Du Angst gehabt hättest, ich könnte es mir anders überlegen. Ja, ja, die wilde, unabhängige Amazone...

Dich dann wenigstens auseinanderzusetzen mit meiner

Mutter, einen gemeinsamen Nenner zu finden, dazu hast auch Du wenig beigetragen. Statt Dich mit ihr mal nachmittags zum Kaffee hinzusetzen, hast Du Dich bei mir beklagt. Auf diese fordernde Art, so ungefähr nach dem Motto: Bring ihr das mal bei, daß sie sich aus allem raushält, was uns betrifft, schließlich ist sie *deine* spießige Mutter. Ist Dir eigentlich jemals bewußt geworden, in welche Lage Du mich damit gebracht hast? Ich fühlte mich ständig im Zugzwang. Wie ein Vermittler und Beschwichtiger im Kampf zwischen zwei erwachsenen Frauen, die beide von sich behaupten, sie wüßten, was sie wollten und wo es im Leben langgeht.

Im übrigen schien es Dir anfangs auch ganz recht, daß sie für uns ab und an mitkochte, unsere Einkäufe miterledigte (und auch bezahlte) oder sich um die nervige Renovierung im Bad kümmerte. Schließlich standen die Handwerker um sieben Uhr auf der Matte. Damals hast Du sogar selbst darauf bestanden, daß meine Mutter den Schlüssel für unsere Wohnung behält. Erst als sie Deine Bequemlichkeit störte, wolltest Du auf einmal die totale Autonomie. Ich weiß noch, wie Du plötzlich unbedingt einen eigenen Staubsauger wolltest und wie Du ein auf unseren Zwei-Personen-Bedarf abgestimmtes Haushaltsbuch auf Deinem PC programmiert hast. Auf einmal sollte der Samstag unser gemeinsamer Putztag sein. Und das von Dir, die sich vorher schieflachen konnte über die penetrante Staubwedelei anderer.

Es stimmt, ich war mit allem einverstanden. Ich fand es auch wirklich toll, unseren Alltag endlich gemeinsam zu organisieren. Und ich habe mich ernsthaft bemüht, meinen Teil dazu beizutragen. Nur, wenn wir ehrlich sind, es hat nicht gerade gut geklappt. Zwei- oder dreimal haben wir Hausputz gemacht, dann war schon wieder die Luft raus. Da war es doch ganz bequem, daß meine Mutter eben durchgesaugt hat, oder? Ein paarmal hast Du für uns beide gekocht, im Überschwang hast Du sogar meiner Mutter ein paar Austern rübergebracht. Sie war zwar offensichtlich nicht begeistert, daß ihre Hausmannskost auf einmal keinen Abnehmer mehr haben sollte. Aber sie hat es geschluckt, im wahrsten Sinne des Wortes.

Letztlich blieb doch wieder alles beim alten. Nur daß Du jetzt immer ungnädiger meiner Mutter gegenüber wurdest. Und an mir Deinen Frust ausgelassen hast. Für mich waren diese schnippischen Bemerkungen, die sie über Dich fallengelassen hat, genauso schwer zu ertragen wie die Sticheleien, die Du über sie verbreitet hast. Und das, was ich Dir tatsächlich übelnehme, gern auch vor unseren gemeinsamen Freunden. Kannst Du nicht verstehen, daß ich auch meiner Mutter gegenüber Gefühle habe? Ich möchte nicht wissen, wie Du reagiert hättest, wenn wir in dem Haus Deiner Mutter gewohnt und ich mich so geringschätzig ihr gegenüber verhalten hätte.

Daß Du Dich seitdem standhaft geweigert hast, etwas von meiner Mutter anzunehmen, ist Dein gutes Recht. Aber wieso mußte ich deswegen jeden Abend Brot und Käse essen, obwohl es für meine Mutter ein Genuß war, nicht nur für sich allein zu kochen. Es ist fast lächerlich, aber ich hatte bei jeder Frikadelle aus der Pfanne meiner Mutter ein schlechtes Gewissen Dir gegenüber. Jedenfalls versickerte unsere gemeinsame Haushaltsführung still und leise im Sande. Und das kannst Du bestimmt nicht meiner Mutter anlasten, das ist ganz allein unser Ding gewesen.

Ich rutschte, ohne es zu merken, noch mehr zwischen die Stühle. Beide habt Ihr an mir herumgezerrt, statt mal ein offenes Wort miteinander zu wechseln. Heute weiß ich, ich hätte mich weigern sollen, anstatt ständig den Besänftiger zu spielen. Lieber hätte es mal richtig zwischen Euch krachen sollen, was auch immer dabei herausgekommen wäre. Aber hinterher ist man ja immer schlauer.

Statt dessen habe ich mich von Dir unter Druck setzen lassen, mich auf Deine Seite zu schlagen. Aber was hast Du erwartet, sollte ich meine Mutter aus ihrem eigenen Haus werfen? Und das, so blöd und spießig Du es auch finden magst, nach allem, was sie für mich (und Dich!) getan hat? Oder hätte ich den Haushalt allein managen sollen, damit Mißstimmungen zwischen Euch gar nicht erst aufkommen konnten?

Je länger ich über Deinen Brief nachdenke: Ich finde nicht nur, daß Du es Dir zu einfach machst. Du bist auch unfair! Solange es Dir in den Kram paßte, hast Du mit meiner Mutter auf schön Wetter gemacht. Aber als sie Dich dann mal kritisiert hat, hast Du sofort beleidigt auf Konfrontation umgeschaltet. Schublade auf und gleich wieder zu, fertig ist die spießige Schwiegermutter.

Natürlich war es meiner Mutter den Nachbarn gegenüber unangenehm, daß Du Dich einfach oben ohne in den Vorgarten gelegt hast. Sie ist 58 Jahre! Im übrigen, ich fand es auch nicht besonders taktvoll (so toll ich Deinen Busen auch finde, immer noch).

Auch mir gegenüber hast Du es Dir leicht gemacht. Auf der einen Seite hast Du darauf bestanden, gleichberechtigt zu sein. Und ich habe auch nie von Dir verlangt, die fürsorgliche Hausfrau zu spielen. Wollte ich auch gar nicht. Ich habe wirklich gedacht, wir beide zusammen könnten eine neue, zeitgemäßere Lebensform zu zweit entwickeln. Getreu unserem damaligen Motto: Keine Konzessionen, keine Konventionen. Auf der anderen Seite blieb es eben oft nur bei der Planung. Wenn es darum ging, sie auf Dauer umzusetzen (siehe gemeinsamer Putztag), war auch Deine Ausdauer schnell erschöpft.

Im übrigen habe ich Dir nie vorgeworfen, ein feucht-fröhliches Studentenleben zu haben. Und das tue ich auch heute nicht. Ich weiß sehr wohl, daß Du vor den Klausuren knallhart die Nächte durchgeackert hast. In diesen Phasen, denke ich, habe ich Dich unterstützt, wo es ging. Allerdings hätte ich es fair gefunden, wenn Du mir im Gegenzug auch mal den Alltagskram abgenommen hättest, als ich mit meinem Job voll im Streß gestanden habe. Aber dann schwebte wieder diese Emanzipations-Glocke über uns. So nach der (unausgesprochenen) Devise: Igitt, welche Frau wäscht denn heute noch die stinkigen Socken ihres Mannes? Über mir hing jedenfalls immer ein drohender Macho-Vorwurf. Vielleicht hätte ich einfach mehr Unterstützung von Dir verlangen müssen, statt mich von Deinem Selbstbewußtsein erst beeindrucken und dann einschüchtern zu lassen. Das würde *mir* heute nicht mehr passieren!

Ich glaube, hinter Deinem offensiven Auftreten, der forschen »Das kann man doch alles regeln«-Einstellung steckt ein ganz schön sicherheitsbedürftiger Mensch. Biederer, als Du es vielleicht selbst wahrhaben wolltest. Das erklärt auch, warum Du nicht über den Marotten meiner Mutter stehen konntest. Wenn Du wirklich gewußt hättest, wie Du leben willst, hätten Dir ihre Vorwürfe bestimmt nicht so viel ausgemacht.

Aber ich glaube, in Wirklichkeit ging es Dir nur um die Hauptrolle. Du wolltest bei mir die Hauptperson sein. Was Du im übrigen ja bis heute bist – nur habe ich keine Lust, von morgens bis abends ständig und auf Kosten meiner Mutter den Beweis dafür zu erbringen. Hast Du dabei auch mal an mich gedacht, daß auch ich in einigen Situationen moralische Unterstützung oder

Hilfe gebraucht hätte? Es ist nicht gerade einfach, mit zwei Frauen unter einem Dach zu leben, zu denen man eine enge Beziehung hat und die sich gegenseitig bekämpfen.

Nehmen wir das Beispiel Hochzeit: Du hast nach außen immer die Wilde, Unabhängige gemimt, die Lockerheit in Person. Und dann brichst Du Dir einen ab, weil Dir auf unserer Hochzeit das »Du« von jemandem angeboten wird, mit dem Du schon ein Jahr unter einem Dach lebst.

Du hättest viel eher aufmüpfig sein sollen, es gab genug Gelegenheiten. Zum Beispiel, als sie Dir ständig Ratschläge gegeben hat, wie Du unseren Haushalt zu führen hast. Da hättest Du ihr Kontra geben können. Du hast geschwiegen, hinter ihrem Rücken mit den Augen gerollt und mir anschließend die Hucke vollgejault, was ich doch für eine nervige Mutter habe.

Irgendwann hast Du nur noch gestöhnt. Du hast es Dir sehr bequem damit gemacht. Mir fallen noch beim Schreiben dieser Zeilen riesige Schuppen von den Augen: Schließlich warst Du es, die um jeden Preis sofort auf einer »spontanen« Blitz-Heirat bestand. Meinen Einwand, daß wir warten sollten, bis wir eine eigene Wohnung gefunden haben (hauptsächlich wegen Deinem schlechten Verhältnis zu meiner Mutter), hast Du noch als bürgerlich und weltfremd vom Tisch gewischt. Im Grunde war es umgekehrt. Du wolltest die Vorherrschaft über mich, per Heiratsurkunde schriftlich verbrieft.

Und was meine Mutter angeht, mache ich Dir den Vorwurf, daß Du an ihr ausgelassen hast, was wir beide miteinander nicht in den Griff bekommen haben. Sie war wohl auch das Symbol für all das, was Du auf keinen Fall wolltest. Du hast sie als Feindbild benutzt, um

Deine eigenen und unsere Beziehungsschwächen zu verdecken.

Dabei hätten wir beide uns streiten müssen. Das ist ein Schuh, den auch ich mir anziehe. Wenn Du das noch willst, an mir soll es nicht liegen. Wir können zumindest versuchen, es nachzuholen. Was dabei herauskommt, werden wir dann ja sehen. Ruf mich an,

Dein Ludger

P. S.: Ich habe mir letzte Woche eine hübsche Zweiein-halb-Zimmerwohnung direkt am Löschplatz angese-hen, 900 Mark warm.

Liebe Schwiegertochter,

Ludger hat mir eben von Deinem überstürzten Auszug berichtet und mir Deinen Brief gezeigt. Ich war total entsetzt. Dein Verschwinden kam für mich genauso überraschend wie Dein Auftauchen.

Nein, Lena, ich bin nicht an allem schuld!

Natürlich bin ich nicht »herzlich« und »warm« gewesen als Du einzogst. Ich kannte Dich doch überhaupt nicht. Nicht mal aus Erzählungen. Du weißt ja selbst, daß Ludger, was sein Privatleben angeht, mit Worten mehr als spärlich umgeht. Von Deinem Einzug bin ich total überrumpelt worden. Ich hatte Dich bis dahin nicht einmal zu Gesicht bekommen. Und dann standest Du mit Deinen Möbeln im Hausflur. Ich muß Dir sagen, das fand ich zuviel. Ich wurde einfach vor vollendete Tatsachen gestellt.

Ludger hatte mir zwar einiges angedeutet, aber nichts Konkretes gesagt. Und Du hast es ja auch nicht für nötig gehalten, mal drei erklärende Sätze von Dir zu geben, geschweige denn, Dich ordentlich vorzustellen. Das hätte sich gehört! Aber Du hast nur sehr beschäftigt getan und ständig dabei gekichert. Und Dich hinterher beschwert, daß ich Dich nicht angemessen begrüßt hätte. Wie sollte ich das? Und ich kann Dir heute offen sagen, schon als ich Dich sah, wußte ich, das würde nicht gutgehen.

Ich habe dann gleich am Anfang gefragt, ob wir unsere alten Gewohnheiten beibehalten können. Es gab keinen Widerspruch! Nicht von Dir und nicht von Ludger! Bis dahin hatte ich für meinen Sohn gesorgt – es hat ihm gutgetan. Und mir hat es Freude gemacht. Ich koche gerne und gut. Du nicht. Was lag also näher, als meinem Sohn das zu geben, was Du – aus zeitlichen oder anderen Gründen – nicht konntest oder wolltest? Ich dachte, warum sollte ich aufhören für ihn – und dann auch für Dich – zu sorgen? Ich wollte für Dich mitsorgen. Mein Essen war ja in der ersten Zeit auch sehr willkommen, ganz abgesehen davon, daß Ihr eine Menge Geld gespart habt. Ich habe übrigens nie ein Danke gehört.

Wenn ich morgens reinkam, um den Topf auf den Herd zu stellen, stolperte ich schon über schmutzige Socken und Eure getragene Unterwäsche. Nicht sehr appetitlich. Du aber drehtest Dich demonstrativ stöhnend auf die andere Seite – übrigens auch für mich kein angenehmes Gefühl – und schliefst weiter.

Daß Du gar nichts im Haushalt tatest, bis mittags im Bett lagst und die Wohnung – immer noch meine Wohnung – verdreckte, das hat mich in der Tat sauer gemacht. Manches Mal habe ich mich schwarz geärgert. Durch Eure Fenster sah man ja nicht mal mehr, ob die Sonne schien. Du hast meine Wohnung verkommen lassen, und Ludger hatte keine sauberen, geschweige denn gebügelten Hemden. Er bekam nichts Vernünftiges zu essen, er ging mit fleckigen Hosen ins Büro. Du brachtest sie ja noch nicht mal in die Reinigung. Das durfte doch wohl alles nicht wahr sein. Das mußte ich mir nicht bieten lassen, liebe Lena.

In dem Moment, wo ich merke, daß mein Sohn ausgenutzt wird – er hat Dich ja richtig mit durchgezogen –, reagiere ich heftig. Und zu Recht, wie ich meine. Einmal hast Du es so auf die Spitze getrieben, daß ich dann mit Staubsauger und Bügeleisen runterkam, wie Du richtig bemerkt hast. Und das finde ich auch jetzt noch in Ordnung. Du hast meine Grenzen überschritten. Worüber ich übrigens kein Wort verlieren möchte, ist Dein Vorwurf, mich interessierten nur die Nachbarn. Ludger, 34, und die Nachbarn ... so'n Quatsch. Obwohl mir einige Dinge, die Du Dir geleistet hast, nicht gepaßt haben – auch wegen der Nachbarn.

Dann kam Eure Hochzeit – der nächste Überraschungscoup. Da bin ich ja wieder völlig überrumpelt worden. Ihr habt mich wieder bis zum Schluß über alles im unklaren gelassen. Und ich war sicher, daß diese Hochzeit nicht Ludgers sehnlichster Wunsch war, nach dem, was ich alles mitbekommen und wahrgenommen hatte. Ich hatte den Eindruck, Lena, daß Du die Hochzeit unbedingt wolltest und Ludger nicht. Du warst die treibende Kraft und Ludger viel zu gutmütig. Aber wie Mütter so sind, ich habe gedacht, okay, es geht um sein Glück, halt dich raus, dann ist es eben so. Du mußt seine Entscheidung respektieren. Ich habe es akzeptiert und dachte, dann soll sie eben Mutti zu mir sagen. Ich wollte Dir eine goldene Brücke bauen. Obwohl – ich gebe es zu – ich gedacht habe, er hätte eine andere verdient.

Schon beim Angebot meines »Du« zeigte sich wieder, wie wenig wir uns im Grunde zu sagen hatten. Es war grotesk in meinen Augen. Und irgendwo fühlte ich mich auch benutzt für Eure Zankereien.

Von Dir wurde immer alles abrupt entschieden, ohne Überlegung, ohne Rücksicht. Und wenn Du posauntest »Alles, was man wirklich will, schafft man auch«, dachte ich, »so geht's doch nicht.« Du kannst doch nicht ernsthaft geglaubt haben, Du biegst Ludger oder mich schon hin. So, wie Du es Dir vorgestellt hast. Dazu gehört Chuzpe, das muß ich sagen. Zu sagen, ich kriege schon alles in den Griff – auch die Mutter. Aber ich habe ja schon eine Menge gehört von Müttern über ihre Schwiegertöchter. Insofern warst Du sicherlich keine Ausnahme.

Im nachhinein muß ich Ludger zum Vorwurf machen, daß er mir die Dinge nie erzählt hat, wie sie von Dir gesehen wurden. Trotz allem will ich nicht ungerecht sein. Das mit dem Schlüssel tut mir leid. Es war nicht in

Ordnung, und ich hätte das lassen sollen. Ich hätte ja genausogut klopfen oder schellen können. Aber es hat mir niemand gesagt, daß er es nicht in Ordnung findet. Was mir auch leid tut, ist, daß ich Dir niemals offen meine Wut gezeigt habe, und so haben sich die Emotionen – nie oder nur Ludger gegenüber ausgesprochen – hochgeschaukelt. Wir hätten miteinander reden sollen. Ein Versuch wäre es wert gewesen.

Ich habe mich gefragt, freue ich mich eigentlich, daß sie weg ist? Nein Lena, ich freue mich nicht. So möchte ich meinen Sohn nicht wiederhaben. Mir ist durch diese Erlebnisse einiges klargeworden. Daß Ludger mit 34 noch unter meinen Fittichen steckt, sollte sich ändern. Versteh aber bitte auch, Lena, es geht mir schlecht, wenn es meinem Sohn schlechtgeht. Ich leide, wenn er leidet. Und bei Dir, finde ich, hatte Ludger es nicht gut.

Andererseits haben die Zeiten sich geändert. Vielleicht müssen Männer heute wirklich lernen, selbst für sich zu sorgen. Ludger hat sich Dich ja ausgesucht. Und das sicher aus gutem Grund. Aber ist es verwerflich, wenn eine Mutter das Beste für ihr Kind will?

Lotti

2
Ein schwieriges Dreiecksverhältnis

> »Böse ist ihr Prädikat.
> Widerspruch stellt sich hier ein:
> Bis ihr Kind ein Ehe-Kandidat,
> war sie stets »lieb Mütterlein«?
> Erst wenn flügge ihre Brut,
> wandelt sich ihr Image sehr:
> Böse wird, was einstmals gut!
> Wo kommt bloß der Wandel her?«[1]

Schwiegermütter wissen alles besser. Schwiegermütter geben Ratschläge, um die sie niemand gebeten hat. Schwiegermütter sind zänkisch, herrschsüchtig und reagieren zu allem Überfluß auch noch extrem empfindlich, wenn ihre gutgemeinten Tips und berechtigten Sorgen nicht gebührlich beachtet werden. Kurzum: Schwiegermütter haben per se »Haare auf den Zähnen«.

So oder ähnlich hat sich das Bild von der bösen Schwiegermutter in uns festgesetzt. Im Volksmund hatte die Schwiegermutter immer schon einen bösen Klang, um nicht zu sagen, ihr Ruf ist gründlich ruiniert. Und das nicht nur im deutschsprachigen Raum, sondern gleich international. »Soviel wie es weiße Krähen gibt, soviel gibt es gute Schwiegermütter«, sagt ein jugoslawisches Sprichwort. Aus der Mongolei kommt folgendes: »Gut ist es, wenn die Schwiegereltern fern und Wasser und Brennstoff nahe sind.« Und noch ein derbes Beispiel aus Abessinien: »Der Schwiegermutter, die sich um alles kümmert, gebührt ein Drittel der Schläge, die für die Frau bestimmt sind.« Überall in der Welt hat sich über die Jahrhunderte das Bild eines ungenießbaren »Hausdrachens« oder, zeitgemäßer, eines hartnäckigen »Störenfrieds« verfestigt. In einem Moment tiefer Selbsterkenntnis urteilte selbst der ebenso großmännische wie kleinwüchsige Napoleon: »Ich habe in der Welt viel Unglück angerichtet, aber Schwiegermutter bin ich noch nicht gewesen.«

Heute, sollte man meinen, könnte solch pauschale und üble Nachrede allmählich ad acta gelegt werden. Schließlich leben wir in einer Zeit, in der der Einfluß der Schwiegermutter oft nur noch an der Höhe ihrer Telefonrechnung abzulesen ist. Für eine aufdringliche Einmischung in das Leben der »Kinder« scheint nur noch wenig Raum zu sein. Welcher erwachsene Sohn, welche Schwiegertochter läßt sich heute noch von der älteren Generation Vorschriften machen?

Folgerichtig gab es in den vergangenen Jahren einige Versuche, mit dem angeblichen Alptraum Schwiegermutter ein für allemal aufzuräumen und eine neue Ära des gegenseitigen Verständnisses einzuläuten. »Meine Schwiegermutter ist meine beste Freundin« titelten Boulevard-Zeitungen.

Echte Veränderungen hat es aber bei genauer Betrachtung nicht gegeben. Auch unsere modernen, aufgeklärten Zeiten haben nicht entscheidend an dem Bild der »bösen Schwiegermutter« rütteln können. Im Gegenteil, Scherze über keifende, rechthaberische und allem voran aufdringliche Schwiegermütter kursieren reihenweise und finden sich auf nahezu jeder Illustrierten-Witzseite.

Das mag auch daran liegen, daß das Thema Schwiegermutter in der aktuellen deutschen Familienforschung nahezu ignoriert wird. Entsprechend groß ist der Spielraum für Spekulationen. Die Amerikanerin Lucy Rose

Fischer ist eine der wenigen westlichen Sozialforsche-
rinnen, die sich ausführlich und ernsthaft mit dem Verhältnis Schwiegermutter und -tochter beschäftigt hat.
Um einen aussagefähigen Vergleich ziehen zu können,
fragte sie Mütter, Töchter und Schwiegermütter beispielsweise nach der subjektiv empfundenen Einmischung. Die Töchter sollten angeben, wie oft die Mutter
und wie oft die Schwiegermutter ungefragt in der Haus-
tür steht. Umgekehrt fragte sie Mütter und Schwiegermütter danach, wie häufig sie bei dem jungen Paar
anrufen oder vorbeischauen. Heraus kamen deutliche
Unterschiede: Auch die Schwiegertöchter von heute
empfinden die Ratschläge von Schwiegermüttern oft
als Einmischung; die von der eigenen Mutter weit seltener (siehe Graphik).
Das Bild einer neuen, unkomplizierten und nur noch
freundschaftlich-bemühten Schwiegermutter geht also

	Mütter	Schwiegermütter
(Schwieger-)Töchter fühlen sich weniger durch Einmischung belästigt, als es (Schwieger-)Mütter zu sein glauben	17,9 %	13 %
Die Einschätzung der Einmischung stimmt überein	67,8 %	26,1 %
(Schwieger-)Töchter fühlen sich stärker durch Einmischung belästigt, als es (Schwieger-)Mütter zu sein glauben	14,3 %	60,9 %
Total:	100 %	100 %

aus: »Linked lives« von Lucy Rose Fischer, New York, 1986.

immer noch an den realen Verhältnissen vorbei. Und die Beteiligten wissen das, oder sie ahnen es zumindest: »Jede Schwiegermutter bemüht sich, keine zu sein«, bringt der Münchner Autor Ernst Heimeran die zeitgemäße Ausweichhaltung auf den Punkt. Nur noch Freundin und Mutter will sie sein, ohne Anspruch auf die verhaßte Einmischung.

So angestaubt einem das Klischee auch vorkommen mag: Ist also doch etwas dran am häßlichen Charakter der Schwiegermutter? Kann schon ihr schlichter Besuch eine familiäre Naturkatastrophe sein? Um so unerträglicher, je mehr Gutes sich die übereifrige Schwiegermutter für ihren leiblichen Sohn wünscht?

Vermutlich liegt die empirische Wahrheit, was die Wirkung der »Mannesmutter« auf die moderne Ehe oder die eheähnliche Partnerschaft angeht, wieder einmal irgendwo in der Mitte. Fest steht nur: Beide Extreme, sowohl die Verteufelung der Grundbösen wie auch die Verniedlichung als »Freundin und uneigennützige Lebensberaterin«, gehen definitiv am tatsächlichen Konfliktfeld vorbei. Schlimmer noch, sie verstärken die Polarisierung zwischen gut und böse, zwischen bester Freundin und ärgster Konkurrentin um die Gunst des Mannes.

So wird die Sicht auf das versperrt, was eine echte partnerschaftliche Beziehung zwischen Mann und Frau behindern kann. In nicht einmal seltenen Fällen, laut der jüngsten Forsa-Studie bei immerhin 12 Prozent aller Scheidungen in Deutschland, sind die Schwiegereltern sogar Trennungsgrund.

»Die oft schwer durchschaubare Beziehung zur Mutter«, hat der Hamburger Psychologe Michael Thiel in unzähligen paartherapeutischen Gesprächen erfahren, »ist eine der dicksten Hypotheken, die der Mann mit in die Partnerschaft bringt.« Einhellig betonen Psychologen die unverändert starke Bedeutung des engen Mutter-Sohn-Verhältnisses für die Partnerschaft, so sehr sich die Beteiligten auch um einen vernünftigen, emanzipierten Umgang miteinander bemühen. Diese Hypothek, wenn Schwiegermutter klammheimlich mit unter die frisch bezogene Bettdecke kriecht, geht in erster Linie zu Lasten der Schwiegertochter. Denn wer glaubt, moderne Schwiegermütter hätten etwas Besseres zu tun als mit ihren Schwiegertöchtern um deren Mann, ihren Sohn zu buhlen, irrt. Heute wie in früheren Generationen gilt: Die Nebenbuhlerin vieler Frauen ist weniger die womöglich jüngere, hübschere, potentielle Nachfolgerin, sondern die Vorgängerin, seine Mutter. Ödipus ist aktuell wie vor 2000 Jahren.

Gespräch mit dem Wiesbadener Psychologen Wilhelm Johnen über die Konflikte im Dreiecksverhältnis Mutter-Sohn-Partnerin

---

Nur noch jedes zwanzigste Paar in Deutschland lebt mit einem oder beiden Elternteilen unter einem Dach. Können da Probleme mit der Schwiegermutter überhaupt noch Thema sein?

Johnen: Natürlich kann man die heutigen Lebensverhältnisse beispielsweise nicht mit den engen bäuerlichen Verhältnissen vergangener Jahrhunderte vergleichen, als noch alle in einem Haus zusammen wohnten. Heute geht es ursächlich darum, daß Mütter stärkere Tendenzen haben zu verwöhnen. Die Ein- oder Zwei-Kind-Familie bringt eine Konzentration der Aufmerksamkeit auf das einzelne Kind mit sich, und so entstehen lauter kleine Prinzen oder Prinzessinnen, die mit einem deutlich gestiegenen Hang zum Egoismus herangewachsen sind. So ist zu erklären, daß besonders der Mann wieder im Zentrum eifersüchtiger Schwiegermuttergeschichten steht.

Was ist denn das Besondere am Mann, daß er so im Mittelpunkt steht?

J.: Grundsätzlich, das wußte schon Sigmund Freud, ist die gemischtgeschlechtliche Eltern-Kind-Beziehung immer die stärkere. Auch mit der Mutter der Partnerin kann es natürlich für Männer Probleme geben, aber es existiert nicht diese deutliche Konkurrenzsituation, weil Töchter nie in dem Maße von ihren Müttern verwöhnt werden wie Söhne. Und für Vater-Tochter-Beziehungen gelten wieder andere Strukturen. Insofern ist die Konstellation der Schwiegermutter dort am problematischsten, wo der Sohn in der Mitte steht und von links seine Mutter und von rechts seine Partnerin an ihm zerren oder sich sogar gegeneinander ausspielen.

Allgemein werden unsere sozialen Bindungen immer zwangloser und unverbindlicher. Warum sollte das zwischen Müttern und Söhnen anders sein?

J.: Dazu muß man berücksichtigen, daß die durchschnittliche Arbeitszeit immer kürzer geworden ist, daß der Beruf nicht mehr in dem Ausmaß wie früher in jede Pore des Alltags dringt. Er fordert also weniger physische und psychische Energie von uns, dadurch kann mehr Zeit auf im Schnitt weniger Kinder ausgerichtet werden. Die Hofierung und Verwöhnung insbesondere der Söhne hat sich weiter verstärkt. Übertriebene Aufmerksamkeit reicht oft schon aus, um letztlich irreale Erwartungen an Partnerschaften auszubilden. Da wachsen programmierte Enttäuschungen heran. Es gibt heute wieder eine Tendenz, sehr viel in Partnerschaften zu investieren. Und dann wird plötzlich spürbar, daß die gewohnte vollkommene Versorgung eben doch nicht so reibungslos funktioniert, beispielsweise die Frau sich nicht so fürsorglich, bemutternd und duldsam verhält wie es der Mann von seiner Mutter gewohnt war. Genau dort entstehen dann die psychischen Bruchstellen. Es sei denn, die Eltern haben schon früh gegengesteuert, indem sie sich bewußt zurückgehalten haben. Nur dann hatten ihre Kinder eine Chance, dem Prinzen-Syndrom zu entkommen.

Zurück zum Dreiecksverhältnis ...

J.: Das ist ja vorgezeichnet, man muß nur noch die Linien verlängern. Wenn der verwöhnte Sohn mit seiner hohen Anspruchshaltung eine Beziehung eingeht, dann bleibt das Symbol für die Überversorgung seine Mutter. Seine Partnerin kann dieses Symbol nur schwer kippen – es sei denn, der Mann macht den seltenen Schritt und entscheidet sich bewußt für die asketische Selbstversorgung. Was den meisten ausgesprochen schwerfällt, denn sie müßten sich ja von der bequemen Versorgungs- und Duldsamkeitsmentalität verabschieden, die Mütter auch heute noch exzessiv praktizieren.

Welche Rolle im Beziehungsdreieck spielen die Frauen als Lebenspartnerinnen? Wollen sie trotz der schon angesprochenen allgemeinen Rückbesinnung auf traditionelle Werte noch immer raus aus der Versorgerrolle?

J.: Ja, Frauen wollen eigentlich nicht mehr die Magd für ihren Mann spielen. Etwas anderes aber ist, ob sie aus dem klassischen Modell des Versorgtseins raus wollen, also daß ihr Mann das Geld rancheffelt und sie dafür den Haushalt führen. Dieser Arbeitsteilung trauern heute einige Frauen mit einem weinenden Auge nach, denn die Möglichkeit, sich so dem stressigen Arbeitskampf zu entziehen, ist verlockend.

Das Dreiecksverhältnis ist oft nur schwer erkennbar. Meist streiten sich Schwiegermutter und -tochter, und der Sohn/Partner steht scheinbar unbeteiligt daneben. Wer schont ihn und warum?

J.: Dahinter steckt die ebenso simple wie subtile Angst beider Frauen, den Sohn/Mann loszulassen beziehungsweise zu verlieren. Für die Mutter ist die Schwiegertochter eindeutig eine echte Konkurrentin. Häufiger wehrt sich die Partnerin nicht direkt gegen den Mann, sondern gegen die ursprüngliche Quelle der Überversorgung, seine Mutter. Die Frauen kapieren natürlich schnell, daß die Mütter diesen übertrieben anspruchsvollen Sohnemann dazu gemacht haben. Für die Schwiegertochter wird die Mutter zum Symbol einer überzogenen Versorgungsmentalität. Und es gibt vergleichsweise wenig Gründe für sie, einen ähnlich guten Kontakt zur Schwiegermutter wie zu ihrem Mann zu haben – es sei denn, der Mann fordert es. Dann wird die Spirale der Abhängigkeit noch weitergedreht.

Ist den Männern bewußt, wie um sie herum gekämpft wird?

J.: Das ist schwer zu sagen. Denn der Mann nimmt sich nicht vor, die beiden Frauen gegeneinander aufzuhetzen. Aber die meisten ahnen, daß Macht und Einfluß eher steigen als sinken, wenn sie den Konflikt zwischen Partnerin und Mutter schüren. Wenn der Streit dann selbst für den Mann nicht mehr zu ignorieren ist, kann er immer noch mit dem Argument kommen, er wolle seine alte Mutter nicht kränken. Außerdem sei sie sowieso nicht mehr zu ändern. Das ist eine seiner Methoden zu verhindern, daß er selbst eine Meinung dazu entwickeln, womöglich offen Stellung beziehen muß.

Haben sich die Männer denn gar nicht geändert?

J.: Die heutigen Männer sind wieder ein bißchen mehr Macho und ein bißchen mehr Unterdrücker, die von den Frauen eine stärkere Unterwerfung fordern als etwa vor zwanzig Jahren. Nach den großen Befreiungstheorien der 68er-Bewegung sind wir in einer Renaissance konservativer Werte angelangt. Parallel dazu ist auch der Absolutheitsanspruch an die Partnerschaft gestiegen.

Warum können oder wollen sich Frauen nicht direkt gegen diesen Sohnemann behaupten?

J.: Etwas vereinfacht kann man das so erklären: Die Frau ist eigentlich wütend auf ihren Mann, lenkt sie aber aus Verlustangst um auf diejenige, der sie zu Recht unterstellt, daß sie einiges damit zu tun hat, daß der Sohn so geworden ist.

Was ist seine Mutter denn nun, verantwortliche Verursacherin oder aktuelle Nebenbuhlerin?

J.: Beides. Entscheidend sind die aufgewandte Energie, die Zeit, die Mühen und die Aufmerksamkeit, die sie in ihren oft einzigen Sohn investiert hat. Diese Investitionen erzeugen feste Bindungen, und weil es nur selten zu einer ernsthaften Konfrontation mit dem Sohn kommt, bleiben diese Bindungen bestehen. An dieser Stelle entsteht so etwas wie eine Nebenbuhlerin für die Schwiegertochter.

Das klingt sehr unschuldig. Mütter kämpfen aber doch auch mit harten Bandagen gegen Schwiegertöchter um die Gunst ihres Sohnes?

J.: Sie kann aber nur kämpfen, solange der Sohn mitspielt. Das ist sehr wichtig: Es steckt immer eine heimliche Mutter-Sohn-Allianz hinter den Konflikten mit der Schwiegertochter. Fast jeder Mann hat den unbewußten Hang, diese Konflikte zu schüren. Auf den ersten Blick ist das ja auch zu seinem Nutzen, beide Frauen bemühen sich um so mehr um seine Gunst. Letztlich haben natürlich nur Männer, die sich innerlich von ihrer Mutter gelöst haben, eine gute Chance, eine selbstbestimmte Lebensorientierung zu entwickkeln. Gerade bezogen auf Partnerschaften. Bei meinen Klienten beobachte ich, daß diese Ablösung eine langwierige Sache sein kann. Viele brauchen trotz bester Vorsätze etliche Jahre, um in dieser Beziehung wirklich erwachsen zu werden.

Wer von den Beteiligten müßte denn das stärkste Interesse daran haben, an dem Dreiecksverhältnis Mutter-Sohn-Partnerin zu rütteln?

J.: In jedem Fall die Frau, sie ist ja diejenige, die am meisten verliert in dieser Konstellation. Ich glaube generell, daß die Frauen beim gesellschaftlichen Wertewandel die größten Einbußen erleiden.

Trotz des deutlichen Emanzipationsvorsprungs?

J.: Den sehe ich gar nicht mehr so stark. Auch unter den Frauen verbreitet sich eine gewisse konservative Grundstimmung, viele wollen zurück in die klassische Sicherheit des Versorgtseins, obwohl sie bei dieser Kehrtwendung am meisten zu verlieren haben.

Was müssen Frauen tun, um zu lernen, ihren Mann direkt anzusprechen, statt mit der Schwiegermutter zu rangeln?

J.: Der Konflikt mit der Schwiegermutter hat im Grunde stark symbolischen Charakter. Nach dem Motto: Du bist schuld, daß mein Mann ein fauler Hansel ist. Das mag sogar stimmen, trotzdem landet der Vorwurf an der falschen Adresse. Deshalb muß ihr Weg auf jeden Fall wegführen von Stellvertreter-Konflikten und hin zu echten, real existierenden Beziehungskrisen, also zur direkten Auseinandersetzung mit dem Mann. Denn die Schwiegermutter hat ja gar nicht grundsätzlich etwas gegen sie, sie will nur ihren Sohn nicht loslassen. Die Schwiegermutter mag insofern die Quelle des Übels sein, der aktuelle Stachel, der die Frau schmerzt, ist sie aber nicht. Der steckt viel mehr im Verhalten des Mannes, der sich mit seiner Mutter verbündet, Kritik ignoriert oder seine Partnerin beim Thema Schwiegermutter kalt abfahren läßt.

Petra, 38, Masseurin, geschieden, ein Kind
»Er hat sich bis heute nicht von seiner Mutter gelöst.«

Das erste, was ich beim Antrittsbesuch von meiner zukünftigen Schwiegermutter gefragt wurde: »Möchten

Sie Tee oder Kaffee?« Eine bedeutende Frage, wie ich gleich darauf erfahren sollte. Unbefangen antwortete ich: »Ich bin Teetrinkerin.« Da sagte sie: »Dann paßt sie nicht in unsere Familie«, und rauschte ab in die Küche. Ich habe sofort gehört, das hat sie ernstgemeint. Ich war verunsichert und irritiert.

Später wurde mir klar, Kaffeetrinken und Teetrinken war in der Familie meines Mannes ein Qualitätsurteil. Es war mit bestimmten Assoziationen besetzt. Kaffee war kernig, vital, zupackend und vornehm. Kaffee trinken Leute, die wissen, was sie wollen. Tee war lasch, Müsli, weichlich. Teetrinker sind Luschen, die passen nicht zu den Kaffeetrinkern. Im Laufe der Zeit bekam ich mit, daß »Teetrinker« eine immer wiederkehrende abfällig einstufende Bezeichnung für bestimmte Leute war. Für Leute, die sie nicht mochte.

Kurze Zeit später haben wir uns »heimlich« im Skiurlaub verlobt. In einem kleinen Chalet. Mit Champagner. Es war wunderschön. Für mich war es okay, daß wir uns nur für uns verlobten. Als wir wiederkamen, teilten wir es erst meinen Eltern mit. Die haben sich riesig mit uns gefreut.

Danach fuhr mein Mann allein zu seiner Mutter und »beichtete« es ihr. Seine Mutter hat ihn rausgeschmissen. Wie einen dummen Jungen. Ich konnte es nicht fassen. Mitsamt seinem Bettzeug hat sie ihn vor die Tür gesetzt. Ich werde nie vergessen, wie er mit seinem Kopfkissen unterm Arm wiederkam. Klein, geknickt und traurig. Mein Mann war damals 30 Jahre alt.

Er erzählte, sie habe ihn angeschrien: »Wie, ohne mich zu fragen habt ihr euch verlobt? Das ist ja wohl das Letzte. Dann kannst du auch gleich abhauen.« Dann habe sie sein Bettzeug zusammengerafft, ihm in den Arm gedrückt, und draußen war er.

Mein Mann war der Lieblingssohn seiner Mutter. Er

war der weiche Sohn, sehr empfänglich für ihre Gängeleien. Er war lange zu Hause geblieben, ich war seine erste feste Freundin.

Für meinen Mann war die Karriere bereits geplant. Er studierte Zahnmedizin und sollte die elterliche Zahnarztpraxis – in einer Kleinstadt ist man damit ja wer – übernehmen. Aus ihm wollte die Mutter richtig wen machen. Der Vater war in einer studentischen Verbindung, in einer Burschenschaft, und aus dieser Verbindung sollte mein Mann eine Frau heiraten. Zum mütterlichen Plan gehörte, daß sich durch Heirat zwei angesehene Familien verbinden. Sie hatte was Standesgemäßes für ihn vorgesehen. Und diesen Plan hatte ich durchkreuzt.

Da konnte ich nicht gegen anstinken. Mein Vater war Musiker. Freiberufler. In den Kreisen meines Mannes ein Hungerkünstler, überhaupt nicht angesehen. Meine Eltern waren liebe Leute, aber für die Kreise meiner Schwiegermutter zu »einfach«. »Einfach« war vernichtend. Für sie zählte »vornehm«. Und ich, die nicht Standesgemäße, habe ihr den Lieblingssohn genommen, ohne den entsprechenden Gegenwert. Das mußte ich unsere ganze Ehe lang büßen. Sie mischte sich ein, wo sie konnte. Ihren Sohn ließ sie nicht los.

Als mein Mann sein Examen bestanden hatte, lud sie uns ins teuerste Restaurant am Platze ein. Und da verkündete sie: »So, Christian, ab jetzt mußt du dich deinem Stand entsprechend kleiden. Ab heute wird der dunkle Anzug herausgeholt. Die Jeanszeiten sind vorbei.« Mich ignorierte sie dabei völlig. Was mich am meisten betroffen machte: Mein Mann ist voll darauf eingegangen. Von dem Tag an hat er umgeschaltet. War nicht mehr leger, was er so liebte, sondern hat versucht, sich anzupassen. Auch innerlich. Ich weiß nicht, ob ihm das überhaupt bewußt war – er hat sich bis heute nicht von seiner Mutter gelöst. Die beiden verband eine Haßliebe. Einerseits fühlte er sich durch seine Mutter geschmeichelt. Er war ja ihr Prinz. Andererseits versuchte er, sich zu entziehen. Weil sie ihn gängelte und bevormundete.

Wenn seine Mutter bei uns anrief, mußte ich ihn oft verleugnen. Mußte sagen, er sei noch in der Praxis. Einmal habe ich mich geweigert und ihm den Hörer gegeben. Da hat er mir zornig mit der erhobenen Faust gedroht und dann eine Bewegung gemacht, als wolle er mir die Kehle zudrücken. Ernstgemeinte tiefe Wut. Meine Mutter war gerade da, sie war ganz entsetzt über diese Ambivalenz.

Kurze Zeit später kauften wir ein Haus und zogen um. Schwiegermutter bot natürlich ihre »Hilfe« an, so nannte sie ihr ständiges Einmischen. Heute würde ich sagen, ich will das nicht. Damals konnte ich mich nicht richtig wehren. Ich hatte einfach zuviel Respekt vor ihrer bestimmenden Art. Ich ließ sie also helfen. Ich habe den ganzen Kram in der alten Wohnung erledigt, sie ist schon im Haus gewesen.

Als ich schließlich auch ankam, hatte ich das Gefühl, sie ist es, die in unser Haus einzieht. Sie hatte bestimmt, wie die Möbel gestellt wurden, was wohin kam. Mir vermittelte sie, ich stehe nur überflüssig im Wege herum, ein Störfaktor. Sie und ihr Sohn managten alles, und die beiden schickten mich zu Botengängen. Ich kam mir vor wie der letzte Trottel.

Die zwei räumten im Arbeitszimmer, machten sauber, ich mußte mich erst mal setzen. Zum Saubermachen war ich noch nicht gekommen, weil ich ja auch voll berufstätig war. Da hörte ich plötzlich ihre Stimme: »Christian, guck doch mal hier.« Da war sie wohl mit dem Finger über ein Möbelstück gegangen, und es war staubig. Sie hielt ihn triumphierend hoch.

Meinem Mann war das hochnotpeinlich, aber er hat mich entschuldigt. Hat sich gerechtfertigt, indem er gesagt hat: »Wann sollte sie das denn machen? Sie arbeitet doch!« Da hat sie gesagt: »Das heißt nichts, so darf es nicht aussehen.«

Als wir sie schließlich nach Hause brachten, passierte die Katastrophe: Ich hatte in einem Antiquitätengeschäft wunderschöne Weinbrandflaschen gefunden, gar nicht teuer. Die wollte ich umfüllen und auf unseren neuen Bar-Tisch stellen. Mein Mann hatte ihr einfach, ohne mich zu fragen, eine geschenkt. Weil er gemerkt hatte, daß sie scharf drauf war. Und er hatte dazu gesagt: »Petra hat nichts dagegen.« Das fand ich nicht in Ordnung, habe aber mal wieder geschluckt, statt etwas zu sagen.

Wir sitzen also im Auto, da sagt diese Intrigantin stinkfreundlich: »Du, schau mal, Christian hat mir eine von deinen Flaschen geschenkt. Ich gehe davon aus, daß dir das recht ist.«

Da bin ich geplatzt und habe gesagt: »Das ist eine Unverschämtheit. Nein, es ist mir nicht recht, und das weißt du auch.«

Plötzlich fing mein Mann wie wild an zu schreien: »Du entschuldigst dich sofort bei meiner Mutter für deine Frechheit.« Aber da war ich so bedient, daß ich gesagt habe: »Ich denke gar nicht daran.« Und später in ihrer Wohnung habe ich noch zu ihr gesagt: »Wenn deine Söhne dir nicht die Wahrheit sagen, wenn sie es leichter finden, dich anzulügen, ist das ihre Sache. Ich sage dir die Wahrheit, und damit mußt du leben.« Das war das erste Mal, daß ich richtig aufmüpfig wurde. Und da war was los.

Beide Söhne logen sie ja ständig an, weil sie Angst vor ihr hatten. Sie haben nie ihre eigene Meinung vertreten. Immer dieser Mutter nach dem Mund geredet.

Gesagt, ja Mutti, machen wir, und dann haben sie es nicht gemacht. Wie zwei ungezogene Bengel.

Und nun hatte diese unstandesgemäße Schwiegertochter gewagt, ihr zu sagen, daß ihre Söhne Angst haben vor ihr. Da hat sie gesagt: »Auf der Stelle will ich tot umfallen, wenn das stimmt, was du sagst. Das stimmt nicht, meine Söhne lügen mich nicht an.« Da war die Hölle los, und Christian war völlig fertig. Für mich war das Schlimmste, er hat zu seiner Mutter gehalten. Und wollte unbedingt, daß ich das zurücknehme und mich bei ihr entschuldige.

Überhaupt war immer ich schuld, wenn Krach mit der Mutter war. Einmal waren wir im Urlaub – selbstredend, daß sie mitfuhr –, da hat sie sich abends noch mit ihm angelegt. Ich war schon ins Bett gegangen. Er hat den Rest des Urlaubs nicht mehr mit mir gesprochen, denn irgendwie hat er mir die Schuld zugeschoben. Das muß man sich mal vorstellen. Mal ganz abgesehen davon, daß sie nichts bei uns im Urlaub zu suchen hatte. Aber auch da hat ihr Sohn nicht gewagt, zu sagen, ich fahre allein mit meiner Frau.

Ich habe damals leider meist nur unterschwellig meinen Unmut gezeigt und mich nie direkt und klar gewehrt. Heute denke ich, das wäre sicher besser gewesen. Für klare Verhältnisse sorgen, dann hätte mein Mann sich entscheiden müssen.

Ich erinnere mich an unseren ersten geplanten Kurzurlaub. Da war ich noch schrecklich verliebt in meinen Mann, und wir wollten ein Wochenende an die Ostsee fahren. Nach Travemünde. Sie entschied: »Christian, an diesem Wochenende dachte ich, daß ihr nach Warendorf fahrt und einen Rasenmäher zu meiner Schwester bringt.« Was haben wir gemacht? Wir haben den Rasenmäher nach Warendorf gebracht. Ich war stinksauer, aber ich bin mitgefahren. Statt zu sagen, nein, so nicht, ich fahre nach Travemünde. Auch, wenn du nicht mitfährst. Mein Mann sagte tatsächlich: »Aber ich kann doch meine Mutter nicht enttäuschen.«

Als mein Sohn geboren wurde – das einzige männliche Enkelkind, der Bruder »konnte ja nur eine Tochter nach der anderen in die Welt setzen« –, hatte ich plötzlich einen Bonus. So doof ich auch war, aber dazu war ich wenigstens nütze. Ich hatte einen Sohn geboren, den Stammhalter.

Seine Mutter kam natürlich sofort angereist. Ich lag im Wochenbett und kämpfte mit dem Baby-Blues. Ungerührt ging sie mir stundenlang auf die Nerven. Es hat mich völlig überfordert, daß sie an meinem Bett saß. Ich wußte ja noch gar nicht, wie man stillt, legte das Kind noch nicht richtig an, und sie wollte partout zugucken. Völlig distanzlos und ohne Einfühlungsvermögen. Ich habe mich wieder nicht getraut, sie rauszuschicken. Und dann stellten sich mein Mann und seine Mutter ans Fußende des Bettes, mit verschränkten Armen. Ich war mit den Nerven zu Fuß, alles ging natürlich schief. Ich legte den Jungen an, und der trank nicht. Er fing an zu schreien, ich war schweißgebadet, da sagte sie kopfschüttelnd: »Guck mal, Christian, das macht sie doch nicht richtig.« Daraufhin mein Mann, als hätte er schon zehn Kinder gestillt: »Nee, das macht sie auch nicht richtig.« Und zu mir: »Petra, das mußt du so und so machen, der Junge kann ja gar nicht trinken!« In dem Moment hätte ich beide auf der Stelle erschießen können. Ich habe danach nur noch geheult. Ich mußte ein Beruhigungsmittel nehmen, damit ich mich einigermaßen wieder einkriegte. Und ich habe zu meinem Mann gesagt: »Deine Mutter wird dieses Zimmer nicht mehr betreten, da hast du für zu sorgen.«

Am nächsten Tag rief mein Mann mich an, sagte: »Mami hat gebettelt und gefleht, die weint fast, sie will den Jungen noch einmal sehen.« Und dann sind sie noch mal gekommen – das war wie eine Vergewaltigung. In solch einer Situation, wo du sowieso beim ersten Kind keine Ahnung hast, dazu deine Wochenbett-Depression und dann noch das – ich bin zusammengebrochen.

In solchen Situationen hat mein Mann nie zu mir gestanden. Er hat mich immer so dargestellt, als sei ich verkehrt, unfähig, überempfindlich, wehleidig, ich war immer die Doofe. Im Grunde hatte ich keine Chance in dieser Familienkonstellation. Heute glaube ich, daß es ihr im Grunde keine Schwiegertochter hätte recht machen können. Und auch, daß sie auf mich sehr eifersüchtig war. Weil ihr vergötterter Sohn mich anfangs wirklich heiß liebte. Ich war unbeschwert, ohne Normen, das fand mein Mann ja so reizvoll. Unsere Beziehung ging in dem Maße kaputt, wie er sich von seiner Mutter hat untertan machen lassen.

Ausschlaggebend für unsere Trennung war schließlich ein Urlaub, wo sie sich wieder aufdrängen wollte und ich endlich den Mut hatte, zu sagen, wenn sie mitfährt, bleibe ich zu Hause. Da sind wir dann allein losgefahren, in die Toskana. Drei Tage später war sie mit dem Flieger hinterhergereist. Zuckersüß kam sie an: »Ich wollte euch überraschen, freut ihr euch?« Das war das Ende. Ich habe zu meinem Mann gesagt, sie oder ich. Er hat seine Mutter gewählt.

Vor kurzem habe ich ihn nach langer Zeit wieder einmal gesehen – wir sind seit sechs Jahren geschieden. Er sieht aus wie seine Mutter. Die gleichen Gesichtszüge, ich war entsetzt. Er hat sich bis heute nicht von seiner Mutter gelöst. Nach unserer Trennung ist er sogar mit ihr in Urlaub gefahren, und ich habe gehört, die beiden haben ein Doppelzimmer genommen.

3
Der ferne Vater

Wenn es um ihre Kinder geht, sind die meisten Mütter Hintergrund-Täterinnen. Statt auf den Tisch zu hauen, moralisieren sie; statt zu streiten, sticheln sie; statt Stellung in schwelenden Vater-Sohn-Konflikten zu beziehen, geben sie zu bedenken, vermitteln und beschwichtigen. Konfrontation ist nicht ihr Stil. Mütter sehen nur selten einen Sinn darin, familieninterne Dispute gleich zu einem donnernden Kräftemessen werden zu lassen. Weil ihnen letztendlich das Seelenleben und Wohlergehen ihres Kindes mehr am Herzen liegt als die zweifelhafte Durchsetzung ihrer elterlichen Autorität, suchen sie ständig nach Formen des stillen Einflusses aus dem Hintergrund.

Ein typisches Beispiel: Beide wollten unbedingt, daß ihr einziger Sohn Ralf das Abi macht. Nicht daß sie dem 15jährigen einen Beruf vorschreiben wollten. Er sollte nur später einmal alle Möglichkeiten haben. Im Moment sah es allerdings nicht besonders gut aus. Seine Zensuren waren mies, die Versetzung gefährdet und seine Lust auf Schule schon länger auf dem Nullpunkt. Ralfs Vater, ein vielbeschäftigter Anwalt, hatte zwar keine genaue Vorstellung davon, was dem Jungen wirklich fehlte. Aber er war sicher, daß es seinem Sohn nicht an Intelligenz, sondern schlicht am nötigen Ehrgeiz mangelte.

Als der erste blaue Brief ins Haus flatterte, platzte ihm der Kragen. Er hielt Ralf eine Standpauke, die sich gewaschen hatte. Von seinem Taschengeld würde fortan eine Nachhilfe finanziert, das Wochenende am Baggersee gestrichen und das versprochene Moped zum 16. Geburtstag »kannst du dir auch erst mal abschminken«. Als Ralf darauf nur grinsend mit den Schultern zuckte, rutschte ihm die Hand aus. Ab dann war erst einmal Funkstille zwischen Vater und Sohn, und Ralf verkündete trotzig, daß er nun erst recht von der Schule abgehen wolle.

Seine Mutter litt unglaublich unter dem Streit und dem beharrlichen Schweigen der beiden an den Tagen danach. Weit mehr als unter Ralfs schlechten Schulleistungen. Abends bearbeitete sie deshalb mit Engelszungen ihren Mann (»Gib ihm doch wenigstens noch eine Chance, der Junge hat eben eine schwierige Phase«). Nachmittags, wenn sie mit Ralf allein im Haus war, versuchte sie ihn mit allen Mitteln von seinem Entschluß abzubringen. Ihm gegenüber gab sie sogar zu, daß der Vater übertrieben reagiert hatte, und bettelte um Verständnis. Dann wieder tadelte sie ihn sanft wegen seiner Sturheit (»genau wie dein Vater«). Sie steckte ihm heimlich Geld zu, versorgte ihn mit seinen Lieblingsspeisen und stellte ihm sogar ein eigenes Auto in Aussicht (»das zahle ich von meinem Konto«), falls er doch noch das Gymnasium beenden würde.

So oder ähnlich verhalten sich Mütter – auch heute noch. Auf ihre diskrete Unterstützung kann sich fast jeder Sohn verlassen. Es ist allerdings nicht nur das weiche Mutterherz, das Frauen in die Defensive drängt: Die Position des Vordergründigen in der Familie ist schon anderweitig vergeben. Es ist der Vater, der das familiäre Machtwort spricht, abends, wenn er von der Arbeit nach Hause kommt und seine Frau ihm von den jüngsten Entgleisungen des Sohnemanns erzählt oder ihm »beichten muß«, daß sie die vierzehnjährige

Tochter mit einem fremden Jungen beim Schmusen im elterlichen Schlafzimmer überrascht hat. Der Vater ist es auch, der in solchen Situationen kurz, bündig und übermächtig alle aufkeimenden Widersprüche und Rechtfertigungen vom Tisch fegt. Er ist traditionell zuständig für das »Ein für allemal« und das »Davon will ich jetzt nichts mehr hören«.

Diese klassische Rollenverteilung mag inzwischen in einigen Familien aufgeweicht, mitunter sogar aufgehoben sein. Für die Generation der heute über 40jährigen (Schwieger-)Eltern jedoch, um die es hier geht, ist es noch die gängige Aufteilung der Erziehungsgewalt zwischen Vater und Mutter gewesen. Während die Frau im zähen, alltäglichen Erziehungskampf auf die Kinder einwirkte, setzte der Mann zwischen Abendessen und TV-Entspannung die Verhaltensmaßstäbe. Und das war's dann auch, mehr als das Machtwort will und muß der klassische Patriarch gar nicht sprechen. Danach geht er meist nahtlos zum ohnehin wichtigeren Weltgeschehen über, vertieft sich in die Zeitung oder will die Tagesschau nicht verpassen. Die mühsame Um- und Durchsetzung der von ihm aufgestellten Maximen, Verhaltensnormen und verhängten Sanktionen (Taschengeldentzug, Hausarrest) überläßt er dann gern wieder der Mutter seiner Kinder.

Ehemänner sind in der Regel Mangelväter, auch heute noch. Ihr Bemühen um das Sorgerecht im Scheidungsfall belegt das nachdrücklich: Nur jeder zehnte Mann zieht überhaupt in Erwägung, sich vor Gericht als alleinerziehender Vater zu bewerben. Die Energien von Vätern bleiben überwiegend nach außen gerichtet, auf Beruf, Auto, Sport, Politik. Lieber beschäftigen sie sich mit den großen internationalen Konflikten als mit den kleinen im Familienkreis. Ihr Vater-Sein, haben die beiden Wiener Soziologinnen Cheryl Benard und Edit

Schlaffer kürzlich herausgefunden, beschränkt sich darauf, »mit dem geringstmöglichen Einsatz den größtmöglichen Eindruck zu machen«.

An der Grundhaltung des modernen Vaters hat sich wenig geändert. Zwar wollen auch sie, daß die Kinder – und die Söhne im besonderen – zu selbstbewußten, willensstarken Persönlichkeiten heranwachsen. Deswegen mögen sie sich aber noch lange nicht ernsthaft auf die komplizierten Niederungen der jugendlichen Psyche einlassen. Vornehmlich ziehen Väter die äußere Arbeitswelt der inneren, scheinbar unbedeutenden Familienwelt vor.

Die daraus resultierende seelische Mangelsituation von Frau und Kindern beschreibt der Berliner Psychologe Wilfried Wieck: »Fast immer wird bei solchen und ähnlichen Schilderungen von ›Beziehungsszenen‹ zwischen Vater und Sohn deutlich, daß die Jungen sich ausschließlich an ihre Mütter wenden, die wiederum auf charakteristische Weise konfliktbeschwichtigend und vermittelnd agieren und nur selten bereit sind, die jeweiligen Väter mit der Forderung zu konfrontieren, eine andere Haltung zu lernen.«[2] Ein nur selten anwesender oder ein für Probleme und Fragen des Sohnes nicht wirklich greifbarer, ein von der Frau bereits getrennt lebender oder ein von der eigenen Karriere absorbierter Vater ebnet den Weg für die absolutistisch wirkende Bindung zur Mutter. »Die Gefühle der Frauen«, schreibt Volker Elis Pilgrim dazu, »die von den arbeitsabberufenen Männern nicht erwidert werden, richten sich auf die Söhne und bleiben dort hängen.«[3] So müssen die Söhne, ohne daß sie sich dagegen wehren können, den fehlenden, blassen oder am Ehe- und Familienleben nicht interessierten Vater ersetzen. Denn weil Mütter keine Kriege und Fußballspiele gewinnen, Firmen aufkaufen oder Länder besetzen können, besetzen sie eben Kinder. Psychologen sprechen von einem lebenslangen, oft verhängnisvollen »close binding« zwischen Mater und Filius – Söhne werden so zu Muttersöhnen.

Spätestens in der Pubertät allerdings geraten die gleichsam unfreiwillig zu Muttersöhnen erzogenen Jungen dann in einen tiefen seelischen Konflikt: Sie begegnen dem tatsächlich anderen Geschlecht. Für diese erste libidinöse Begegnung zwischen Junge und Mädchen aber hat ihnen ihre Mutter nur wenig mitgeben können. Sicher hat sie ihn aufgeklärt, nach bestem Wissen und Gewissen, und er weiß vielleicht Bescheid über Pille, Geschlechtsakt, Menstruation und Eisprung. Auf seine männlichen Lustregungen und wie er mit ihnen umgehen kann aber konnte sie ihn naturgemäß nicht vorbereiten. Dazu wäre ein intensiver und offener Kontakt zum »großen Fernen«, dem Vater, nötig gewesen. In seinem Buch »Muttersöhne« nennt Pilgrim die fatalen Folgen für das spätere Mannsein: »Das Aufwachsen unter einer bindenden Mutter und einem bruchstückhaften Vater torpediert die Ich-Bildung des Jungen und vereitelt seine männliche Geschlechtsidentität.« Denn Frau darf er nicht sein, wenn er von seiner Umgebung nicht ausgelacht und als werdender Mann abgelehnt werden will. Also muß er von nun an seine von der Mutter gestärkte, quasi weibliche Identität leugnen.

Viele wissen sich dabei nicht anders zu helfen, als ihre Ich-Schwäche hinter einer betont männlichen Macho-Fassade zu verbergen. Aus der Geschichte weiß man von einigen extrem »übermännlichen« Muttersöhnen, die verheerendes Unheil angerichtet haben: Napoleon, Hitler, Stalin, Mussolini, Iwan der Schreckliche – die Liste von Männern, die durch millionenfache Gewalttaten und unfaßbare Destruktivität berühmt geworden sind, ist lang. Und sie haben eines gemeinsam: Sie sind, sagt Pilgrim, groß geworden »in enger Beziehung zu ihren

Müttern und hatten blasse, entweder brutale oder see-
lisch verschwommene, oftmals verschwindende Väter«.
Weniger aggressiv veranlagte Muttersöhne, die sich
aber ebensowenig darin auskennen, wie sie eigentlich
Mann sein sollen, tendieren zum Gegenpol. Sie verpup-
pen sich zu weichen, zögerlichen, entscheidungsschwa-
chen Männern. Weil sie selbst nicht so recht wissen, wer
sie sind, können sie auch in der Partnerschaft keine eindeutige Haltung finden. Entsprechend machen sie einen weiten Bogen um alles, was nach Konflikt riecht. Sie
lassen entscheiden. So sind sie es von ihrer Jugendzeit
unter den Fittichen der Mutter gewohnt, und so möchten
sie es auch in der Partnerschaft beibehalten. Als Väter
sind sie oft ungewöhnlich liebevoll – solange nur niemand von ihnen verlangt, Stellung zu beziehen.
Muttersöhne verhalten sich ihren Lebenspartnerinnen
gegenüber entweder übertrieben herrisch oder über-
weich. Auch wenn sie es schaffen, sich in ihrem
erwachsenen Alltag von der dominanten Mutter im
Hinterkopf zu distanzieren, übertragen sie unbewußt
doch auf ihre Partnerinnen, was sie von früher gewohnt
sind. Sie suchen und sehnen sich nach einer Gefährtin,
die sie »wie bei Muttern« umsorgt, über ihre Haltlosig-
keit als Mann hinwegsieht und dezent und ohne
Blamage vor Freunden und Bekannten die Lebensführung im Privaten organisiert. Oft halten sie äußerlich
krampfhaft an der vermeintlich angestammten, von der
Gesellschaft geforderten männlichen Dominanz fest,
innerlich aber haben sie längst alle entscheidenden Fa-
milienkompetenzen an die Partnerin abgegeben. Sie
beschränken sich darauf, hin und wieder murrend oder
trotzig aufzubegehren, wenn sie etwa den gemeinsamen Urlaub schon wieder am Mittelmeer verbringen
sollen, obwohl ihnen eigentlich viel mehr nach einer
Bergtour in den Alpen zumute ist.

Unabhängig davon, ob sich Muttersöhne zum Macho oder Softie entwickelt haben: Auf ihre Mütter lassen sie nichts kommen. Aus Angst vor einem Gesichtsverlust selten offen, ergreifen sie klammheimlich Partei für sie. Am häufigsten aber bemühen sie sich durch beharrliches Ignorieren von Konflikten zwischen Partnerin und Schwiegermutter um »Neutralität«. Um nicht zwischen die Fronten zu geraten, tun sie so, als hätten sie gar nichts damit zu tun. Erst der »abgenabelte Mann« hat eine Chance zu einem echten Neuanfang mit der Partnerin.

Die Verwöhnung

Mütter können es nicht lassen. Obwohl sie eigentlich »wissen«, daß sie ihren Kindern mehr schaden als nutzen, verwöhnen sie sie dennoch über alle Maßen. Die Tendenz dazu steigt noch. Schon aus rein demographischen Gründen konzentriert sich die mögliche mütterliche Liebe und Fürsorge mehr und mehr auf den »Einzigen«: Über die Hälfte der deutschen Eltern tobt ihre Erwartungen, Hoffnungen und Ansprüche an nur einem Kind aus, ein weiteres Drittel an zweien, und nur in jeder achten Familie leben drei oder mehr Kinder. Und je schwächer die Bindungen zum Bekanntenkreis nach außen werden, desto wichtiger wird das Einzelkind. Besonders für die nicht (mehr) berufstätige Mutter, der Mann hat ja immer noch seine Arbeit.
Die Verwöhnungen durch die Mutter betreffen den Sohn ungleich mehr als die Tochter. »Söhne bekommen eine Bestätigung durch die Mutter, wie sie keine Tochter und schon gar keine Schwiegertochter erhält«, sagt die Hamburger Psychologin Catharina Aanerud.

Während Töchter früh in die weibliche Versorgungsmentalität eingewiesen werden, behandeln Mütter den
männlichen Nachwuchs eher wie den Vater, ihren
Mann. Kommt er nach der Schule ins Haus, sorgen sie
erst einmal für sein leibliches Wohlergehen und die nötige Entspannung nach dem Streß »bei der Arbeit« auf
der Schulbank. Anders die Töchter: Wenn sie heim-
kommen, werden sie unmittelbar in die Haushalts-
pflicht genommen. Je mehr die Mutter selbst für das
Wohl der Familie ackert, desto stärker fordert sie in der
Regel auch die Mitarbeit ihrer Tochter ein. Sie formt sie
nach ihrem »Ebenbild«, meist ebenso unbewußt, wie
sie den Filius wie einen Ehepartner verwöhnt.

Darüber hinaus beobachten Sozialwissenschaftler in
den letzten Jahren eine vehemente, aktive Flucht ins
Private. Weil die gesellschaftlichen Werte immer belie-
biger werden und die sozialen Netze immer dünner
und brüchiger, richten sich die Gefühle wieder verstärkt auf das familiäre Glück ein. Gerade weil die
Aussicht, lebenslang miteinander glücklich zu werden,
gering ist und die Scheidungsraten hoch wie nie zuvor,
sind es die Söhne, auf die Mütter ihre ganzen Hoffnungen übertragen. Auch sie können zwar ausziehen und
eine neue, eigene Familie gründen, scheiden lassen
können sie sich jedoch nicht.

Deswegen bemühen sich Mütter oft lebenslang um den
Nimbus der Unentbehrlichkeit, und ihr Kampf um den
Sohn beginnt früh:

- Schon als Baby hat sie die Verantwortung für seinen
  Tagesrhythmus übernommen, sie bestimmt naturgemäß seine Still-, Spiel- und Schlafenszeiten. Diese
  Planung seines Alltags setzt sie auch später, anders
  als bei der Tochter, bis zur Perfektion fort. Ein Beispiel: Sie weckt ihn morgens zur Schule, einmal,
  zweimal, dreimal. Er dreht sich immer wieder zur

Seite, auch weil er weiß, daß sie nicht nachgeben wird. Irgendwann steht er dann murrend auf, allerdings ziemlich bald schon nicht mehr für sich, sondern weil sie ihn verläßlich aus den Federn treibt. Sie erinnert ihn auch an allerlei Termine: an sein Sport-Training, an den Arztbesuch, an die Geburtstage seiner Schulfreunde. Wo immer möglich, nimmt sie ihm die lästige Organisation des Alltags ab, zelebriert und verfestigt damit eine subtile Fremdbestimmung »aus reiner Fürsorge«, die sich ihm tief einprägt.

- Ebenfalls früh lernt sie, ihm seine Wünsche von den Lippen abzulesen. Wann er hungrig ist, wann müde und später dann, wie sie mit Kartoffelpuffern seine ersten kleinen Enttäuschungen lindern kann. Um die Verwöhnungs-Allianz mit dem Sohn zu stärken, untergräbt sie sogar die Autorität des Vaters. Hat der ihm das Taschengeld gestrichen, steckt sie ihm heimlich einen Zehner zu; darf er nicht zum Spielen raus, bevor er sein Zimmer aufgeräumt hat, hilft sie ihm; bei ihr darf er ausnahmsweise (»aber sag Papa nichts davon«) auch noch nach der verabredeten Zeit vor der Glotze hocken.

- Die zur Verwöhnung angetretene Mutter ist immer da, falls irgendein Schuh den Sohnemann drückt. Selbst in Zeiten, in denen sie mit ihren eigenen Problemen Unterstützung, Rat oder Trost nötig hätte. Geduldig umsorgt sie ihn und erträgt seine Launen, bis er soweit ist, über sein aktuelles seelisches Zipperlein sprechen zu wollen. Solange kann er sich einer ganz besonderen Verwöhnung sicher sein, schließlich soll er auch als Erwachsener noch mit seinem Kummer zu ihr kommen. Immer wieder vermittelt sie ihm, daß sie auf seiner Seite steht, grundsätzlich zeigt sie mehr Verständnis für ihn als etwa für seine Partnerin. Auch wenn sie sein Verhalten ihr gegenüber eigentlich unmöglich findet, bleibt ihre Kritik behutsam und nachsichtig. Er soll wissen, auf sie wird er sich immer verlassen können.

Sicher haben sich die Verhältnisse geändert, selbstbewußte Frauen wollen heute vielfach mehr sein als »nur für die Kinder da«. Tatsächlich geändert an der familieninternen Rollenaufteilung hat sich wenig, trotz Emanzipation und einigermaßen gleichberechtigter Chancen im Berufsleben. Zwar möchten auch berufstätige Mütter lieber erst einmal die Füße hochlegen, wenn sie von acht oder mehr Stunden Arbeit erschöpft nach Hause kommen, statt postwendend Zwiebeln für die ganze Familie zu schnippeln. Faktisch aber verschwinden sie immer noch in der Küche, während der Mann im Sofa versinkt.

Arbeitsteilung im Haushalt

Aufgewendete Zeit in Stunden pro Woche	Frauen	Männer
Kochen	8,0	1,6
Geschirr spülen	3,3	0,9
Geschirr abtrocknen	2,1	0,9
Wäsche waschen	3,5	0,6
Bügeln	3,2	0,3
Staubsaugen / Staubwischen	2,8	0,9
Bad und WC putzen	2,3	0,5
Sonstige Hausarbeiten	5,1	2,1
Total:	30,3	7,8

Quelle: FOCUS, 32 / '93

Das wird nicht viel anders, wenn Frauen »nebenbei« noch ihrem Beruf nachgehen: Während die durchschnittliche »Nur«-Hausfrau 84 Prozent der Arbeiten im Haushalt erledigt, verringert sich der Anteil bei berufstätigen Ehefrauen gerade um vierzehn Prozent. Trotz vergleichbarer Belastungen beim Job erledigen Frauen immer noch das Gros der Haus- und Erziehungsarbeit.

Umgekehrt entdecken auch Söhne wieder die Vorteile einer ausgiebigen Bemutterung. Nachdem die Revolte der Jugend Ende der sechziger und in den siebziger Jahren im großen Stil gescheitert ist, hat »Hotel Mama«, wie jüngst die Zeitschrift STERN berichtete, Hochkonjunktur. Einmal abgesehen vom aktuellen Problem, eine bezahlbare Wohnung zu finden: Warum, fragt sich der männliche Nachwuchs der neunziger Jahre ganz pragmatisch, sollte ich mein ohnehin mageres Monatssalär als Auszubildender, Student oder Berufsanfänger für ein eigenes Auto ausgeben, wenn ich kostenlos den Zweitwagen der Mutter nutzen kann. Warum eine horrende Miete für ein kleines Loch zahlen, wenn das Kinderzimmer im elterlichen Heim nur leerstehen würde. Und warum die Klamotten selbst waschen oder sich von ungesundem Dosen- und Tiefkühlfutter ernähren, wenn zu Hause der Tisch ohnehin fertig gedeckt ist. Schließlich ist das für ein einigermaßen akzeptables Outfit nötige Kleingeld auch so schon knapp genug. Außerdem beteuert Mama glaubhaft, daß sie das »doch gern macht« und »es mir überhaupt keine großen Extra-Mühen bereitet, weil ich doch sowieso für uns koche«. Manchmal geht die extreme Konsumhaltung erwachsener Söhne von heute sogar Müttern zu weit, und sie legen ihnen nahe, sich doch endlich eine eigene Bude zu suchen. Aber dieser Fall, daß Mütter aus eigener Initiative Abstand von ihren Söhnen nehmen, ist immer noch die krasse Ausnahme.

In den weitaus meisten Familien sind sie es, die bereitwillig eine Verwöhnungs-Allianz anstreben. Den Sohn, der sich als Baby und Kleinkind nicht wehren kann, gewöhnen sie früh an die selbstverständlichen Versorgungs-Bequemlichkeiten. Später, wenn er es dann eigentlich könnte, will er sich oft gar nicht mehr widersetzen. Vielen erwachsenen Söhnen ist nicht einmal bewußt, wie hautnah sie immer noch gegängelt werden, weil ihnen die Verwöhnung schon in Fleisch und Blut übergegangen ist.

Mütter könnten eigentlich früh hellhörig werden und ihre Söhne auf die eigenen Füße stellen – wenn sie nur die Indizien ihrer Verwöhnung wahrnehmen wollten. Etwa wenn der Sohn schon in der Pubertät indirekt gegen die Überversorgung meutert, indem er sich beispielsweise regelmäßig zu spät zum Essen bequemt und das liebevoll bereitete Mahl dann in Minutenschnelle herunterschlingt. Im stillen ärgert sie sich maßlos, aber sie bleibt dabei, sie bittet zu Tisch. Oder wenn er wochenlang in seinen alten abgerissenen Lieblingsjeans herumläuft, obwohl sie ihm längst eine frischgewaschene rausgelegt oder sogar ungefragt eine neue gekauft hat. Über sein störerisches Pascha-Gebaren mag sie sich heimlich aufregen oder sich sogar lautstark beschweren – ihre scheinbar selbstlosen Verwöhnungsdienste beendet sie deswegen aber noch lange nicht. Nur selten bekommen Kinder und Jugendliche von Müttern zu spüren, daß sie nicht alles haben können, was die Haushaltskasse hergibt. Sie lernen so auch nicht, daß Eltern »eine gewaltlose, rationale Autorität verkörpern, daß Eltern auch etwas durchsetzen können, daß sie sich nicht beherrschen lassen«[5], wie der Psychologe Wilfried Wieck schreibt. Er beschreibt auch gleich das Ideal: »Das Kind muß erfahren, daß Eltern und Kinder gleichberechtigt um Entscheidungen ringen, ruhige, besonnene, gegebenenfalls zeitaufwendige Auseinandersetzungen, friedliche,

aber konsequente Streitgespräche führen.«[6] Besonders
aber der halbherzige Protest des Sohnes gegen die
überfürsorgliche Mutter, der ohne Konsequenzen
bleibt, geht ein in die Hypothek, die seine spätere Partnerin zu tragen hat. Häufig erfährt sie, die »Nachfolgerin«, das Verwöhnungs-Dogma am eigenen Leib: Wenn
sie sich ihrer Schwiegermutter gegenüber nicht wenigstens »wie eine Tochter« vereinnahmen lassen, hat die
amerikanische Forscherin Lucy Rose Fischer in ihren
soziologischen Studien festgestellt, haben sie nicht viel
Hilfe von ihr zu erwarten. Was die Schwiegermutter
nicht kennt, das hat sie eben auch nicht zum Fressen
gern.

Frühe Unterschiede

Mädchen bekommen Barbies zum Geburtstag und
Schleifen ins Haar, Jungen schenkt man ein ferngе-
steuertes Feuerwehrauto und läßt sie mal so richtig
wild über die Stränge schlagen. Mädchen lernen zu
backen und zu braten, Jungen zu debattieren und sich
durchzusetzen. Mädchen werden zu stillen Bezie-
hungs- und Haushüterinnen erzogen, Jungen zu lau-
ten, emotionsarmen Geschäftemachern.
Unendlich viel ist schon über die konventionelle, ge-
schlechtsbezogene Sozialisation von Jungen und Mädchen und die Folgen auf ihre erwachsenen Partnerbe-
ziehungen gesagt und geschrieben worden. Mal diffe-
renziert, mal grob vereinfachend. In diesem Kapitel
werden wir uns deshalb auf diejenigen Aspekte der Erziehung zum Mann und zur Frau beschränken, die
stark auf das spätere Dreiecksverhältnis Mutter-Sohn-
Partnerin nachwirken.

Im übrigen, die Zeiten haben sich natürlich auch geändert. Mütter, die noch vor dreißig Jahren gleich homosexuelle Neigungen befürchtet haben, wenn der Sohn lieber einen Puppenwagen geschoben hat, statt mit der Schreckschußpistole die Nachbarschaft zu nerven, tolerieren solche »unmännlichen« Spielgewohnheiten heute eher als eine Entwicklungsphase und nicht mehr wie ein endgültiges Stigma. Selbst ein mögliches Schwulsein muß erfreulicherweise nicht mehr zwangsläufig eine familiäre Tragödie sein, die man »an der Wurzel« bekämpfen und nach außen verheimlichen muß.

Aber Freiheit und Toleranz in der Kindererziehung machen es den Eltern von heute nicht unbedingt leichter. Sie stecken »zwischen den Zeiten«: Überwiegend in einem gesellschaftlich konservativen Klima aufgewachsen, haben sich viele dann in den siebziger Jahren radikal von den traditionellen Geschlechterrollen abgewandt. In den Achtzigern mußten sie mit dem Scheitern und einer Beliebigkeit fertig werden, was die Fragen der Familie angeht, und nun erziehen sie wieder in einer allgemeinen Atmosphäre konventioneller Rückbesinnung. Das ist der schnellebige Stoff, aus dem tiefe elterliche Verunsicherungen, Mißstimmungen in der Familie und Kämpfe zwischen den Generationen resultieren. Je rasanter das Tempo des gesellschaftlichen Wandels (und die kommenden Generationen werden vermutlich mit einem noch höheren Tempo fertig werden müssen), desto schneller dreht sich auch die Konfliktspirale im Umgang mit den (Schwieger-)Eltern.

Inzwischen hat nahezu jede Mutter ihre eigene Theorie über das Seelenleben, die Bedürfnisse und damit über die Erziehung ihrer Kinder. Erlaubt ist, was nicht gegen die eigene Moral und Sichtweise verstößt. Aber Moral gehört eben nicht zu den stabilen Werten der letzten zwei Jahrzehnte. Im positiven Sinn genausowenig wie im negativen: Freiheit der Erziehung, das weiß man schon lange und darin stimmt man allgemein überein, ist grundsätzlich zu befürworten. Sie birgt alle Chancen für einen bewußten Wandel zum Besseren. Gleichzeitig verunsichert sie aber auch: Niemand mischt sich mehr von außen ein, wenn Eltern »falsch« erziehen oder gegen die eigene Absicht die Tochter doch »typisch« anders behandeln als den Sohn.

Denn daß Frauen keinen Pantoffel-Patriarchen mehr zum Mann und zum Vater ihrer Kinder haben wollen, heißt noch lange nicht, daß sie ihre Söhne entsprechend erziehen. Der Psychologe Wilhelm Johnen hat aktuell eine Art »heimliche Erziehung« entdeckt: »Viele Eltern glauben, Jungen und Mädchen gleich zu erziehen. Prüft man diese Behauptung, stellt man in der Regel fest, daß es nicht so ist.« Ein psychologisches Experiment in Kindergärten belegt das: Es wurden die Anregungen untersucht, die Erwachsene Jungen und Mädchen zum Spielen geben. Dabei stellte sich heraus, daß Eltern den Mädchen immer noch intuitiv Spielvorschläge machen »mit harmonischem Verlauf, Spiele, bei denen die Zusammenarbeit im Vordergrund steht und die Lösung einer Aufgabe in den Mittelpunkt gesetzt ist«. Den Jungen dagegen schlugen sie Spiele vor, bei denen es durchweg um Sieg und Niederlage, Mut, ein zu erreichendes Ziel, Konkurrenz und Härte ging. Johnen: »Beiß die Zähne zusammen ist eine Formel, die fast ausschließlich Jungen gegenüber verwandt wird.«

Es kann sicher nicht darum gehen, Jungen und Mädchen vollkommen identisch zu behandeln. Aber wenn Mütter ihren Söhnen, wenn auch unbewußt, weiterhin eine harte Schale anerziehen, sie nicht weinen sehen mögen und ihnen deshalb keine Schwächen durchgehen lassen, legen sie damit einen Grundstein für sein späteres Schweigen in der Partnerschaft und für den Konflikt mit ihrer Nachfolgerin. Der Psychologe Johnen beschreibt in seinem Buch »Die Angst des Mannes vor der starken Frau« die ursächlichen Unterschiede in der Erziehung:

- Jungen werden weniger und anders getröstet
- Jungen wird Ungestümes, Wildes bis Bösartiges weniger negativ ausgelegt und weniger sanktioniert
- Jungen erhalten weniger Zärtlichkeit
- Jungen werden stärker auf ihre Leistung hin gefordert
- Jungen werden weniger enge Regeln gesetzt
- Jungen werden härter bestraft
- Jungen werden, wenn sie Angst zeigen, sehr stark sanktioniert[7]

Nur so ist zu verstehen, daß Söhne auch als gestandene Männer nicht von ihren Müttern ablassen können. Nach außen unsichtbar sehnen sie sich weiter nach der weiblichen Zärtlichkeit und Nähe, haben aber keinerlei Vorstellung davon, ob und wie sie sich Zartheit, Einfühlsamkeit und offene Tränen ohne Verlust ihres gehüteten Manns-Bildes vor der Partnerin und schon gar nicht vor ihrer Mutter leisten können. Ihr Vater, der Abwesende, hat ihnen keine Alternative bieten können. Von ihm haben sie sich allenfalls abgucken können, familiäre Distanz zu halten und eine zweifelhafte Unabhängigkeit zu demonstrieren.

Kein Wunder also, daß Ehefrauen, die mehr wollen als nur einen gefühlsreduzierten Ernährer der Familie, zwangsläufig mit ihren Schwiegermüttern aneinandergeraten. Ganz im Gegensatz zum Mann, der seine Schwiegermutter weitgehend problemlos als »zweite Mutter« integriert. Ihre Einmischung ist ihm selten lästig, von ihr hat er nichts Böses zu erwarten, ihre Zuneigung kann er annehmen, mit ihr kann er sogar flirten. Denn Mutter will sie ihm sein: »Der Schwiegermutter des Mannes gelingt das unschwer«, schreibt der Münchner Ernst Heimeran, »indem sie ihm, mindestens unter vier Augen, in allem recht gibt und ihn jederzeit merken läßt, er sei ihr Herzenssöhnchen. Die Schwiegermutter der Frau versichert zwar ebenfalls, sie wolle nichts sein als eine zweite Mutter und ›nicht wahr, mein Kind, ich komme nur, wenn du mich brauchst‹ – aber indem sie so spricht, ist bereits Vorsicht geboten! So spricht die typische Schwiegermutter.«[8]

Über den Sohn als Partnerersatz

Mutter und Sohn-Dialoge aus Loriots satirischem Film »Ödipussi«[9]

»Sei ein lieber Junge und iß noch ein bißchen... Du willst mich doch nicht traurig machen!... Und halte dich gerade...«
»Ja, Mamma.«
»Du kannst auch heute abend hier essen, es ist noch genug da! Schmeckt dir die Putenbrust?«
»Wundervoll, Mamma, ganz wundervoll.«
»Und wenn du hier schlafen möchtest, dein Kinderzimmer ist immer für dich bereit... Ich mach' dir das Püree noch mal warm.«
»Ich komme zu spät!«
»Erst wird gegessen!... Paul...!«
»Ja, Mamma...«

Zugegeben, Loriots satirischer Blick geht weit über die gewöhnlichen Realitäten der Mutter-Sohn-Beziehung hinaus. So hilflos tolpatschig, so lebensuntüchtig und so derbe von der eigenen Mutter ferngesteuert wie »Pussi« Loriot benimmt sich kein normaler erwachsener Mensch. Nicht einmal ein Sohn-Partner. Und dennoch, wie immer bei guter Satire, steckt ein wahrer Kern im Detail.

»Paul ...«
»Ja, Mamma ...«
»Warum hast du dir bloß diese Wohnung genommen? Andere Jungs wohnen doch auch zu Hause ...«
»Ja, Mamma.«

Sigmund Freud, der Urvater der Psychoanalyse, entdeckte schon vor knapp hundert Jahren das Kleinkind im Mann: Ödipus, der mutterfixierte Sohn, ist demnach allerhöchstens fünf Jahre alt. »In den ersten Kinderjahren stellt sich die Relation des Ödipus-Komplexes her, in welcher der Knabe seine sexuellen Wünsche auf die Person der Mutter konzentriert.« Jeder Psychologe hat während der Studienzeit gelesen, was Freud aufgeregt niederschrieb. Seitdem weiß man: Das erste Liebesobjekt des Mannes ist die Mutter. Und sie bleibt es meist heimlich und fast immer lebenslang.

»Hast du mir deine Hemden mitgebracht?«
»Ach nein, Mamma, das muß doch nun wirklich nicht sein ...«
»Liebes Kind, ich wasche seit fünfzig Jahren deine Hemden, weil ich will, daß du ordentlich aussiehst! Deine Haare könntest du dir auch mal wieder schneiden lassen ...«
»Ja, Mamma ...«
»Die Kundschaft sieht auf so was. Du bist jetzt der Chef von Winkelmann und Sohn ... wie dein Vater und dein

Großvater... Ich bin stolz auf dich! Du ißt ja gar nichts...«

»Ich kann nicht mehr...«

Auch das ist allgemein bekannt: Nur für den Sohn ist die Mutter gleichsam Urquelle von Lust und Pein. Und nur für ihn ist sie damit zwangsläufig Wegbereiterin seiner erwachsenen Libido. Töchter gehen dagegen leer aus. »Ödipale Frauen, die als erstes Liebesobjekt den Vater gehabt hätten«, schreibt die französische Analytikerin Christiane Olivier, »gibt es nicht – oder noch nicht.« Ein deutlicher Hinweis auf die Aktualität des Mangelvaters, »denn die Väter, die zu Hause bleiben und ihre kleine Tochter wiegen, sind rar«.

Weniger auf die klassische Analyse ausgerichtete Psychologen vermuten die entscheidende Phase, in der eine Abhängigkeit des Sohnes von der bindenden Mutter entsteht, in der Zeit der Geschlechtsreife. Dabei wollen sie den Freudianern nicht unbedingt ihre berühmte Ödipus-Theorie streitig machen. An ihr ist unstrittig einiges dran. Nur reicht sie nicht immer aus, um das Phänomen Ödipus in vollem Umfang aufzudecken. Deshalb richten die meisten praktizierenden Kollegen ihren Blick inzwischen vermehrt auf die Pubertät, auf die Jahre, in denen der Sohn zum Mann wird. Erst dann, meinen sie, entsteht die entscheidende, deutliche Diskrepanz zwischen der mütterlichen Beziehung zum Sohn und zur Tochter. Erst dann nämlich kommen Söhne als ernstzunehmende Ersatz-Partner der Mutter in Frage. Die »Gefahr« geht demnach nicht so sehr von der Ur-Versorgerin an der Wiege aus, sondern mehr noch von der Mutter des Halbwüchsigen.

Den möglichen Experten-Streit, welchem mütterlichen Einfluß auf den Sohn-Partner denn nun mehr Bedeutung zukommt, der frühkindliche oder der pubertäre, werden wir in diesem Buch nicht klären können. Aber für das Dreiecksverhältnis Mutter-Sohn-Partnerin sind ohnehin andere Fragen entscheidender: Was steckt hinter dem Motiv von Müttern, ihre Söhne zu Ersatz-Partnern machen zu wollen? Kann ein Sohn tatsächlich den Ehemann ersetzen? Wie geschieht das? Spielt er freiwillig mit oder wird er »verführt«, ohne etwas davon zu merken? Und was bedeutet die heimliche Liaison von Mutter und Sohn für seine Bindungen zu einer Partnerin? Mit welchen Nachwirkungen hat sie, die Schwiegertochter und potentielle Nebenbuhlerin, später zu kämpfen?

Um den Ursachen auf den Grund zu gehen, müssen wir noch einmal auf den Mangelvater zurückkommen. Seine latente emotionale Abwesenheit, was die Erfüllungen in der Partnerschaft betrifft, stürzt die Mutter, seine Frau, in ein seelisches Vakuum. Äußerlich mag alles in Ordnung scheinen, die materielle Versorgung stimmen, das gemeinsame Auftreten im Bekanntenkreis harmonisch sein und die gelegentlichen Alibi-Geschenke für die Kinder großzügig. Aber was Frauen sich wirklich von ihren Ehemännern wünschen, ist nicht das Aushängeschild eines im Beruf erfolgreichen Mannes, der für sie den Titel »Frau Doktor« abwirft. Es ist auch nicht der Zweitwagen, den er ihr in die Garage stellt. Im Schnitt wollen Frauen erwachsene Gespräche, eine beiderseitige Zärtlichkeit, aufrichtige Auseinandersetzungen, das Weiterentwickeln gemeinsamer Lebensperspektiven und seine ernstgemeinte Teilnahme an der Erziehung der Kinder. All dies bekommt sie ausgesprochen selten. Familientherapeuten entdecken oft genug eine tiefe Sprachlosigkeit und einen harten Gefühlspanzer beim Mann. Die Gründe seines Desinteresses liegen weit zurück in seiner eigenen Erziehung zum Muttersohn. Der Kreis schließt sich.

Es liegt nahe, daß sich Mütter in solchen Situationen nach einem anderen Mann umsehen. Diejenigen unter ihnen, welche die Hoffnung auf eine erfüllende Partnerschaft noch nicht aufgegeben haben und es sich leisten können, trennen sich und versuchen es noch einmal mit einem neuen Mann. Zumindest ein Indiz: Zwei Drittel aller Scheidungen in Deutschland gehen inzwischen von Frauen aus.

Viele Mütter aber übertragen ihre enttäuschten Sehnsüchte auch auf den womöglich einzigen Sohn. Er ist auf seine naive, jugendliche Art noch greifbar und bedürftig. Eben weil der Vater auch für ihn nur sporadisch anwesend ist. Es ist tückisch: Was den Einfluß auf den Sohn angeht, »profitieren« Mütter ausnahmsweise sogar von der familiären Bezugslosigkeit ihres Partners.

Um diesen Ersatz-Mann, der noch ein Junge ist, nicht auch noch zu verlieren, bemuttert und verwöhnt sie ihn oft bis zur Besinnungslosigkeit. Im wahrsten Sinne des Wortes. Das geschieht selten absichtlich. Die Wirkung bleibt die gleiche. Sie will nicht, daß er erwachsen wird, sie möchte ihn im Grunde so behalten, wie er für sie noch am ehesten zugänglich war, als ihr kleiner Junge. Deswegen ist sie so erpicht darauf, den Alltag für ihn zu organisieren, sich für immer unentbehrlich zu machen.

Mütter agieren aus einem schwer aufzulösenden Konflikt heraus: Einerseits wollen sie, daß ihr Sohn zu einem souveränen, lebenstüchtigen Mann im Beruf heranreift. Andererseits verstößt die vollkommene Eigenständigkeit des Sohnes gegen ihre Unentbehrlichkeits-Interessen. Im Grunde wünschen sie sich einen Filius zum Ersatz-Partner, der bei der Arbeit zupakken, Entscheidungen treffen und Verantwortung tragen kann, dem aber nach Feierabend der Kochlöffel aus der Hand fällt.

Eine Gratwanderung. Manchmal kippen Mütter zu einer Seite um. Entweder sie akzeptieren irgendwann das eigenverantwortliche Leben des Sohnes mit der Nachfolgerin, und sie lassen los. Oder aber sie mischen sich im Extremfall auch noch in seine Arbeit ein, rufen ihn ständig an, mäkeln an einzelnen Mitarbeitern herum und beraten ihn ungebeten bei kniffligen Entscheidungen.

Mütter verführen ihre Söhne am wirkungsvollsten durch Verwöhnung. Im Kapitel »Die Verwöhnung« haben wir bereits ausführlich beschrieben, wie einige Mechanismen dazu greifen. Die Verwöhnung trifft aber auch seinen sexuellen Nerv, wie in den letzten Jahren vermehrt in den Medien öffentlich gemacht wurde. Zwar ist die Art des weiblichen »Mißbrauchs« nur selten mit der männlichen zu vergleichen. Sie geschieht oft sanft, gewaltlos und hintergründig. Dafür ist die mütterliche Unterwanderung der pubertierenden Sohnes-Seele im nachherein um so schwerer zu durchschauen. Unabhängig und gleichberechtigt jedenfalls, das wissen auch die meisten Mütter, wird das Verhältnis zum Sohn vermutlich nie werden. Aber irgendwann, so hoffen sie, erhalten sie einiges zurück für ihre selbstlose, lustvoll aufopfernde Verwöhnung des Sohnes. Sie hoffen auf eine spätere Arbeits- und Sorgenaufteilung, die sie mit ihrem Mann nie verwirklichen konnten. Für diese Art des Partner-Ersatzes können ganz lapidare Dinge wichtig sein. Bezeichnenderweise haben einige Schwiegertöchter in unseren Gesprächen beschrieben, wie ihre Partner zwar die typisch »männlichen« Aufgaben im Haushalt der Mutter sofort erledigen, sie aber in ihrem gemeinsamen Haushalt negieren. Wenn die Mutter ihn bittet, den Rasen zu mähen, den Sperrmüll vor die Tür zu tragen oder kleine Reparaturen zu erledigen, ist er sofort zur Stelle. In das Loch

im eigenen Hausdach kann es dagegen tagelang rein-
regnen, ohne daß etwas passiert. »Sie ist einfach zu alt
für solche Sachen, das kann sie nun wirklich nicht allein machen«, bekommt seine Frau zur Begründung zu
hören. Oder: »Da ist sie nun einmal etwas komisch. Bevor ich ihr das Türschloß nicht repariert habe, liegt sie
jede Nacht wach und macht sich Sorgen, überfallen zu
werden.«

Auf der anderen Seite gewöhnen sich auch Söhne
schnell an die Bequemlichkeiten einer Rundum-Versor-
gung, weil sie erst einmal keinen Gedanken an eine
Gegenleistung zu verschwenden brauchen. Ganz
selbstverständlich können sie die Dienste der Mutter in
Anspruch nehmen, sie brauchen ja nicht einmal darum
zu bitten. Söhne spielen das Spiel mit, oft auf ihre trot-
zige, manchmal rotzfreche Art.

Nach außen allerdings müssen sie zumindest ihr libidinöses Verhältnis zur Mutter leugnen. Vor den Freunden, den Kollegen, der Verwandtschaft und letztendlich vor sich selbst. Volker Elis Pilgrim schreibt: »Was
sich in ihm heranbildet, muß er ungeschehen machen:
Frau. Und er sehnt sich danach, etwas zu werden, was
er eigentlich nie mehr werden kann: Mann.«[10]

Spätestens bis der Sohn flügge wird und nach einer
gleichaltrigen Partnerin Ausschau hält, muß auch der
geringste Anflug einer heimlichen Lust auf die Mutter
im hintersten Winkel des Bewußtseins vergraben sein.
Auch deshalb distanzieren sich pubertierende Söhne
oft so heftig, nicht selten schmerzhaft demütigend für
die Mutter, von allen Avancen ihrerseits – besonders
dann, wenn Fremde anwesend sind.

Mütter leiden darunter, lassen ihn aber in der Regel
duldsam gewähren. Sie gestehen dem murrenden und
meuternden Sohn zu, sich an ihnen auszutoben, und bemühen sich, den vehementen Protest ins Leere laufen

zu lassen. Ihre Grund-Verwöhnung geben sie deshalb nicht auf. Sie schütteln die Abwehrhaltung des Sohnes im stillen als reine Pubertäts-Probleme ab und verdrängen, daß die gleichen bewährten Mechanismen noch ins hohe Erwachsenenalter des Sohnemanns hineinreichen.

Oft genug bleibt die Mutter ihrer Rolle der Duldsamen und ewig Liebenden treu. Lieber wartet sie auf »bessere Zeiten« und günstige Gelegenheiten, zum Beispiel auf die Bitte, die Enkelkinder zu beaufsichtigen. Aber nun kommt Konkurrenz ins Spiel: die Schwiegertochter, die neue Mutter. An ihnen muß sie nun »vorbei«, will sie weiterhin die hart erkämpften Zugriffswege zu ihrem Sohn wahren, denn Söhne/Partner halten sich fast immer raus. Streitfragen zur Kindererziehung, Haushaltsführung und zum Lebensstil im allgemeinen sind es ihm nicht wert, es sich mit einer seiner beiden Frauen zu verderben. Also müssen sich die Mütter direkt mit der Schwiegertochter auseinandersetzen.

Rüdiger, 32, Redakteur, geschieden, eine Tochter
»Ich habe mich immer rausgehalten«

Das Essen, das folgte, als ich meiner Mutter meine zukünftige Frau vorgestellt hatte, werde ich mein Leben lang nicht vergessen. Es gab Rotkohl, Rouladen und Kartoffelklöße. Mein Vater, meine Frau und ich saßen um den schweren runden Eichenholztisch, weiß eingedeckt, im Eßzimmer meiner Eltern. Es dämmerte. Bevor meine Mutter auftrug, sagte ich: »Lilli und ich werden heiraten.« Betretenes Schweigen. Meine Mutter brachte kein Wort hervor. Mein Vater sagte nichts – wie immer. Und plötzlich trat meine Mutter hinter meinen

Stuhl, umarmte mich demonstrativ, als wäre ich noch ihr kleiner Junge und brachte schließlich hervor: »Aber du bist doch meiner. Du bist und bleibst mein Schatz!« Dabei strich sie mir besitzergreifend über die Haare, sah meine Frau herausfordernd an und sagte noch mal in ihre Richtung: »Er gehört mir.«

Dann produzierte sie sich in einer Weise, daß meiner Frau und mir der Kiefer herunterklappte. Sie hat ganz klar Position bezogen und nur noch Dinge gesagt, wie: »Ich bin die Mutter. Ich kenne ihn besser als du ihn jemals kennen wirst.« »Heirate ihn ruhig, das kann sich auch wieder ändern. Ich aber bleibe immer und ewig seine Mutter.« Ein richtiger Affront. Es war mir peinlich.

Ich habe da gesessen und gedacht, das darf alles gar nicht wahr sein. Ich habe nichts gesagt, habe nicht reagiert, habe das nur registrieren können. Ich hätte auch gar nicht gewußt, was ich dazu sagen sollte. Ich kenne zwar meine Mutter, aber damit hatte ich nicht gerechnet.

Meine Frau dagegen hat das natürlich sofort richtig eingeordnet. Sie hat hinterher zu mir gesagt: »Deine Mutter hat ja klar und deutlich Front gemacht.« Das fand sie sehr schade, und sie fühlte sich verletzt.

Das Verhältnis der beiden untereinander ist nie besser geworden als am ersten Tag. Nach dem Besuch hat meine Mutter natürlich zu mir gesagt: »Das ist nicht die richtige Frau für dich.« Warum, hat sie nie gesagt. Ich habe auch nicht gefragt. Mein Eindruck ist, daß es egal war, wen ich brachte, sie hätte immer gesagt, es sei die falsche Frau.

Meine Mutter ist 72 Jahre alt, Rentnerin. Mein Vater lebt auch noch. Meine Mutter ist ausgesprochen dominant. Wenn sie meint, sie müsse dringend Kontakt zu irgend jemandem haben, ist sie auch äußerst penetrant.

Und genauso ablehnend, wenn sie jemanden nicht mag. Mich hat sie relativ spät bekommen und deshalb bin ich ihr »Kleiner« – mit 32! Sie gibt mir immer wieder zu verstehen, du wirst auf ewig mein Sohn bleiben. Sie hätte es am liebsten, daß ich noch jeden Abend zu ihr nach Hause fahre, obwohl sie 250 Kilometer entfernt lebt. Sie sagt, du bist schließlich hier zu Hause. Mein Kinderzimmer ist unverändert. Ich kann jederzeit kommen, ich muß mich nicht mal anmelden. Wenn ich in der Tür stehe, läßt sie alles andere stehen und liegen. Sie will in allem mitmischen, was mich angeht. Früher, als ich noch nicht verheiratet war, hat sie regelmäßig ihre Kommentare zu meinen Freundinnen abgegeben. Hatte immer irgend etwas auszusetzen. Hat natürlich kein gutes Haar an ihnen gelassen. Genauer gesagt: solange ich mit ihnen zusammen war, fand sie die unmöglich. Keine konnte vor ihr bestehen. Sobald ich mich getrennt hatte, waren das plötzlich ganz tolle Frauen, und sie konnte nicht verstehen, daß ich mich hatte trennen können.

Sie witterte in jeder Frau eine Gefahr, hatte das Gefühl, sie bekommt eine Konkurrentin. Sobald sie merkte, daß ich viel Zeit mit einer Freundin verbrachte, griff sie ein. »Du solltest dich mal wieder mit deinen Freunden treffen«, »der Sport kommt viel zu kurz, dabei bist du so begabt« und ähnliches kam dann.

Ich habe ihre permanenten Einmischungsversuche als sehr störend empfunden und mich schon sehr früh daraus zurückgezogen, indem ich einen sehr großen Freundeskreis hatte, wenig zu Hause war. Ich fing mit 13/14 schon an, mit Jugendgruppen zu verreisen. Ich habe es nie so mitgemacht, wie sie es gerne gehabt hätte: der kleine Junge immer bei Mama zu Hause. Ich hatte schon sehr früh einen eigenen Kopf und habe gesagt, ich habe einfach kein Interesse, hier herumzuhocken.

Meine Mutter hat häufig versucht, mich unter Druck zu setzen: »Was ich alles für dich getan habe, ich habe so viele Opfer für dich gebracht, habe verzichtet, und heute kommst du nicht mal mehr nach Hause. Jetzt kannst du auch mal etwas für uns tun. Ich will meinen Sohn schließlich sehen.« Sie beklagte ständig, daß ich so wenig da war, hätte mich gerne als Partner gehabt, mit dem sie sich ihre Zeit vertreiben kann. Sie hat versucht, das zu erreichen, indem sie mir ein schlechtes Gewissen gemacht hat. Das ist ihr aber nicht gelungen. Ich habe das durchschaut.

Mein Vater ist ein sehr zurückhaltender Mensch. Er spielte sein Leben lang den schwächeren Part. Hielt sich aus allem raus und wollte auch nie Stellung beziehen. Wahrscheinlich wäre ihm das auch nicht gut bekommen.

Bezeichnend für die Beziehung zwischen meiner Frau und meiner Mutter war, daß beide sich bis zum Schluß geweigert haben, sich zu duzen. Interessant waren auch die Telefongespräche, die meine Frau und meine Mutter miteinander führten. Die waren immer sachlich und sehr kühl. Meine Mutter ist eine Person, die ruft an und sagt nicht: »Guten Tag«, sondern: »Da bist du ja endlich.« Mit vorwurfsvoller Stimme folgt: »Du kannst ja auch mal anrufen.« Meine Frau hatte es immer sehr eilig, den Telefonhörer an mich weiterzugeben. Darüber hat sich dann meine Mutter bei mir beschwert, und ich habe jedesmal gesagt: »Sag es ihr doch selber. Wenn du irgend etwas mit meiner Frau zu besprechen hast, solltest du das tun, statt dich bei mir zu beklagen. Ich will mich da völlig raushalten.«

Einmal war meine Frau sehr direkt. Meine Mutter rief an und wollte etwas wissen. Meine Frau war überhaupt nicht in Stimmung, mit ihr zu plaudern. Hat nur gesagt: »Ich gebe Ihnen mal Ihren Sohn.« Gerade da, als meine

Mutter sich überwunden hatte, zu sagen: »Wir können doch auch miteinander sprechen«, hat meine Frau gesagt: »Nein, da ist mir jetzt nicht nach.« Da war meine Mutter tödlich beleidigt. Hat sich gleich wieder bei mir beschwert. Ich wurde so richtig zum Prellbock zwischen den beiden. Beide beklagten sich bei mir über die andere. Wobei ich meine Frau natürlich verstehen konnte. Ich gab mir Mühe, zu ihr zu stehen und meine Mutter abzublocken. Einmal war ich so genervt, da habe ich meiner Mutter gesagt: »Hör mal zu, ich habe mein Privatleben, meine Familie, ich komme mit meiner Frau gut zurecht. Wenn du mit meiner Frau nicht kannst, ist das zwar ein Problem, aber nicht meins.« Meine Mutter hat immer versucht, mir klarzumachen, daß ich mehr zu meiner Stammfamilie gehöre, als zu meiner Frau. Deshalb erwarte sie bei Reibereien, daß ich zu ihr halte. Einmal habe ich ihr gesagt: »Meine Stammfamilie konnte ich mir nicht aussuchen. Meine Frau habe ich mir sehr wohl ausgesucht. Meine Familie ist da, wo meine Frau und mein Kind sind.« Ich habe sie deutlich abgeblockt. Beinahe schon beängstigend finde ich, daß sie es gar nicht gemerkt hat. Sie hat es verdrängt oder nicht an sich herankommen lassen. Meine Mutter nimmt mich nicht ernst. Sie respektiert bis heute nicht, wie ich lebe. Und sie nimmt nur wahr, was ihr in den Kram paßt. Vor zwei Jahren kam unsere Tochter. Das hat die Situation insofern erschwert, als meine Mutter nun beanspruchte, ihr Enkelkind regelmäßig zu sehen. Anfangs bin ich darauf eingegangen. Diese Treffen liefen dann so ab: Sie hintertrieb am laufenden Band, wie wir mit unserer Tochter umgingen, indem sie alles anders machte. Wenn wir ihr sagten, sie soll keine Schokolade essen, bekam sie Schokolade. Wenn wir sagten, sie muß ins Bett, durfte sie noch aufbleiben. Wenn wir wollten, daß der Fernseher ausgemacht wird, hat Oma ihn heimlich noch ein bißchen laufen lassen. Und wenn meine Frau geschimpft hat, hat sie gesagt: »Mama ist böse.« Ich konnte meine Frau immer weniger bewegen, dorthin zu fahren. Es war eine ständige Anspannung im Raum, wenn man bei meiner Mutter war. Meine Frau war dann auch immer schnell genervt, und wenn wir zurückfuhren, hatte man das Gefühl, eine unangenehme und sehr anstrengende Pflicht hinter sich gebracht zu haben. Es war sehr mühsam. Ich bin irgendwann zu der Erkenntnis gekommen, daß es wenig Sinn macht, daß ich mich darüber aufrege. Es liegt nicht an mir, daß diese Spannungen da sind. Ich akzeptiere, daß ich das nicht ändern kann. Ich muß meine Mutter nehmen wie sie ist. Ich habe mich innerlich abgelöst. Ich habe mir immer gesagt, sie ist eine ganz andere Generation. Sie sieht die Welt durch ihre Augen und will sie auch nicht anders sehen. Ich mache ihr von Zeit zu Zeit deutlich, daß ich zwar verstehen kann, daß sie Dinge anders empfindet, aber daß sie mich in Ruhe lassen muß. Daß ich tue, was ich für richtig halte.

Ich sage inzwischen, gut, sie ist meine Mutter, aber daß ich irgendwelche herzlichen Gefühle für sie hegen könnte, muß ich leider eher verneinen. Und das ist schade, denn ich kann mir einen Großfamilienkontakt sehr gut und angenehm vorstellen, auch wenn man weit voneinander entfernt lebt.

4
Neue Formen – alte Muster

»Die Frauen äußern sich ja auch nicht richtig, wie sie uns nun eigentlich haben wollen.« Der Satz fiel wie nebenbei, während einer abendlichen, schon leicht rotweinseligen Herrenrunde. Thema war bis dahin eigentlich das neue Selbstverständnis der 90er Jahre-Männer, das unvermittelte »Bekenntnis« kam von einem durchaus selbstbewußten 38jährigen Chemiker, verheiratet mit einer halbtags arbeitenden Lehrerin und Vater von zwei kleinen Kindern. Hinter dem eigentlich lapidaren Satz, der auch schnell wieder unterging in der weiteren Unterhaltung, steckt viel von der ganzen Verunsicherung der Männer von heute und dem häufig daraus resultierenden diskreten Wunsch nach Fremdbestimmung. Nach dem Motto: ›Sag mir, wie ich als Mann sein soll, aber sag es mir dezent.‹

Männer haben nur noch wenig festen Boden unter den Füßen. Neue Untersuchungen aus den USA belegen, daß die Irritationen der Männer inzwischen so tief gehen, daß sie sich nachweislich schon in gesundheitlichen Beschwerden niederschlagen. Die männliche Identitätskrise artet zur Krankheit aus.

Das Dilemma für die Männer begann mit der heftigen Infragestellung ihrer angestammten Domäne, der Arbeit. Seit den sechziger Jahren schon kritteln und kratzen Frauen am Image des typisch männlichen Führungsstils. Ganz offen fordern viele, übrigens mittlerweile nicht mehr nur Frauen, die Ablösung eines

unsensiblen, autoritären »männlichen« Geschäftsge-
barens. Zugunsten eines integrativen, kooperativen,
»weiblichen« Umgangs miteinander.

Frauen können das oft besser. Denn auf der einen Seite
bringen sie viele der dafür nötigen emotionalen Erfahrungen aus ihrer traditionell weiblichen Sozialisation
mit, auf der anderen Seite haben sie sich über lange
Jahre eine weitreichende berufliche Gleichstellung er-
kämpft. Auch wenn die meisten Chefpositionen weiterhin von Männern besetzt sind, Frauen in einigen
Branchen für die gleiche Leistung immer noch schlechter bezahlt werden und sich Karriere-Frauen mitunter
sogar in gnadenlos »bessere Männer« verwandeln:
Hinter vorgehaltener Hand werden Frauen schon als
die effizienteren Mangerinnen gehandelt, weil sie sich
leichter in die Gefühlslage anderer Mitarbeiter eindenk-
ken und entsprechend besser motivieren können. Die
entscheidenden Anregungen für eine menschlichere
Arbeitswelt der Zukunft, das ahnen (und fürchten)
auch die Männer, könnten womöglich von Frauen ausgehen.

Im Gegenzug konnten sich die Männer in ihren Beziehungen zur Familie (noch) nicht etablieren. Kein Wunder, der verunsicherte Mann auf der Suche nach einem
zeitgemäßeren Idealtyp steckt in der Klemme: Will er
allen weiblichen Ansprüchen, die er sich zu eigen
macht, gerecht werden, muß er gleichzeitig Softie und
Kraftprotz, sanfter Hausmann und eloquenter Party-
löwe, einfühlsamer Vater und knallharter Geschäfts-
mann sein. Ein Rollenchaos von unendlicher Vielfalt
konkurrierender Männerbilder, mit dem der einzelne
zu kämpfen hat.

In dieser prekären Situation läßt ihn die Frau oft auch
noch allein in seiner Not. »Die Männer können sich
nicht mehr darauf verlassen«, gibt dazu der Berliner

Psychologe Wolfgang Krüger zu Protokoll, »daß sie von den Frauen emotional versorgt werden.«[11] Mit anderen Worten: Sie können nicht mehr darauf vertrauen, daß ihre Frauen die familiäre Beziehungsarbeit für sie gleich mit erledigen. Und das, nachdem sie ihn mit ihren emanzipatorischen Anliegen überhaupt erst ins Trudeln gebracht hat. Auf lange Sicht verweigern immer mehr Frauen die Partnerschaft, wenn ihre Männer nicht bereits sind, einen gehörigen Teil zum Familienleben beizutragen. Entsprechend gehen die meisten Trennungen heute von Frauen aus – lieber leben sie ohne Mann als mit einem nicht greifbaren, latent haltungslosen oder dauernd abwesenden.

Das partnerschaftliche Defizit des Mannes wird immer offensichtlicher. Es ist entstanden aus dem Widerspruch zwischen der traditionellen Sozialisation des Sohnes einerseits und den gestiegenen Ansprüchen der modernen Frau andererseits. Und weil die eigenmotivierte Emanzipation der Männer, wenn überhaupt, nur schleppend vorankommt, schwanken sie oft unentschieden und willenlos zwischen den vertrauten und auch weiterhin verlockenden Versorgungsangeboten ihrer Mütter auf der einen Seite und den Herausforderungen einer gleichberechtigten Partnerschaft auf der anderen. Die Mehrzahl der Männer tendiert dabei immer noch zur alten Bequemlichkeit. Spätestens wenn sie meinen, sich voll und ganz ihrer Karriere widmen zu müssen: Sie lassen dann wieder waschen, sie lassen problematisieren, und sie lassen lieben. Auch wenn ihre Partnerinnen nicht mehr bereit sind, den Part der fürsorglichen Hintergrunds-Gattin zu spielen – da gibt es dann ja immer noch die Mütter, welche oft nur allzugern in die Rolle schlüpfen. So können auch noch so gutgemeinte Bemühungen von Müttern hinderlich sein für die Suche der Männer nach mehr privater Identität.

Das neue Bild vom emanzipierten Mann bleibt letztlich doch passiv, im wahrsten Sinne des Wortes »reaktionär«.

Statt sich intensiver an der »inneren« Welt der Familie zu beteiligen, versinken die meisten Männer noch tiefer in ihrer Arbeit. Diese Fluchttendenz in die »äußere« Welt der Büros und Konferenzräume beschrieb 1993 der Berliner Soziologie-Professor Walter Hollstein ausführlich in einem Gespräch mit einer Redakteurin vom Nachrichtenmagazin Der Spiegel: »Sämtliche Untersuchungen der letzten Jahre belegen, daß Männer fest davon überzeugt sind, daß ihr Lebensglück von Leistung und Erfolg abhängig ist. Arbeit ist das wichtigste Mittel, um männliche Identität aufrechtzuerhalten und immer wieder neu zu bestätigen.«

Zarte Anzeichen der Hoffnung auf Besserung sind in den letzten Jahren aufgekommen: Für die Generation der heranwachsenden Männer scheint eine Emanzipation zu ihren Gunsten nicht mehr nur ein Lippenbekenntnis zu sein. Sie wollen ernsthaft vermeiden, was sie bei ihren Chefs und älteren Kollegen beobachten: Daß sich auf dem Karriereweg der Beruf zum einzigen Identifikations-Raum entwickelt und dabei das »eigentliche Leben« mit Partnerin, Kindern und einem ausgefüllten Bekanntenkreis kläglich verkümmert. Hollstein: »Wer längere Zeit sehr viel arbeitet, etwa 15, 16 Stunden täglich, dessen Leben verarmt total. Familie, Freundschaften, alles bleibt auf der Strecke.«

Die »Low Income More Excitement«-Bewegung (gemeint ist, weniger Einkommen in Kauf zu nehmen zugunsten erhöhter Lebensfreude), so kann man zumindest hoffen, ist nicht nur eine kurzlebige Mode-Erscheinung, sondern der Anfang vom Ende der ausschließlich berufsfixierten Männer. Auch einige ältere unter ihnen haben sich schon davon anstecken lassen.

Immer mehr Arbeitsgeschädigte suchen in Männergruppen nach Wegen, wie sie aus ihrer Fixierung wieder herauskommen können.

Aus den USA stammende »Wild men«-Seminare haben mittlerweile auch in Deutschland Konjunktur. Gestandene Männer verbringen dabei gemeinsam ein oder zwei Abenteuer-Wochen im Wald, um miteinander zu krabbeln, zu trommeln und zu grunzen. Selbst die Gefahr, sich lächerlich zu machen, schreckt sie nicht ab, auf diese Weise ihre männlichen Wurzeln zurückzuerobern. Viele versierte Beobachter halten solche Spektakel zwar eher für eine narzißtische Nabelschau als für eine wirkungsvolle und vor allem sinnvolle Form der Rückbesinnung. Dennoch ist es immerhin ein Anfang, auch wenn er Außenstehenden kindisch erscheint.

Natürlich geht es für Männer viel mehr darum zu lernen, von Macht, Einfluß und übertriebenem Ehrgeiz ablassen zu können. Für die meisten von ihnen ist es noch immer ausgesprochen schwer zu akzeptieren, daß ein Verlust von Verantwortung im Beruf einen persönlichen Gewinn im Privaten nach sich ziehen kann. Weil er Raum freigibt für die »anderen«, bislang vernachlässigten Bedürfnisse.

Ernsthaft an einer Horizonterweiterung interessierten Männern allerdings, die sich bei ihren Chefs erkundigen, ob sie nicht auf Teilzeit umstellen oder Vaterschaftsurlaub nehmen können, wird bisher noch wenig Verständnis entgegengebracht. Arbeitgeber wollen in der Regel das volle männliche Engagement auf den Beruf beschränkt wissen, so oft sie sich pro forma auch nach dem Wohlergehen der Familie erkundigen mögen. Schließlich haben sie schon ausreichend mit Frauen zu tun, die schwanger werden können und damit für den Betrieb ausfallen.

Aber auch die Frauen von heute reagieren nicht mehr

unbedingt nur begeistert auf minderehrgeizige Männer. Zwar wünschen sich die meisten von ihnen zu Hause einen echten Partner und für die gemeinsamen Kinder einen aktiven, anwesenden Vater. Andererseits hat sich nach den vielen kämpferischen Jahren eine Gleichberechtigungs-Müdigkeit unter Frauen verbreitet. Zunehmend schwanken sie neuerdings wieder zwischen dem errungenen Anspruch auf eine gleichgestellte Berufstätigkeit und dem »alten«, gleichwohl anstrengenden Volljob Mutter. Entweder bekommt die Karriere bei einem mehrjährigen Mutterschaftsurlaub einen nur schwer aufholbaren Knick oder einige der intensiven Erfahrungen, die mit Kindern verbunden sind, gehen an ihnen unbemerkt vorbei. Wer beides will, hat sich inzwischen herausgestellt, muß Abstriche machen – ist aber zufrieden.

Allen modernen gesellschaftlichen Ansprüchen gerecht zu werden, ist eine schwer zu bewältigende Aufgabe, egal ob für einen Mann oder eine Frau. Das bislang bei 40jährigen Managern beobachtete »Burn-out-Syndrom« trifft inzwischen ebenso hart Frauen, die alles gleichzeitig und optimal unter einen Hut zu bringen versuchen: Beruf, Partnerschaft, Haushalt und Kinder. »Das bringt Frauen in einen Strudel emotionaler Hetze, der sie dann erschöpft zurückläßt«, schreibt Herbert Freudenberger in seinem Buch »Burn-out bei Frauen«.[12]

Gleichzeitig Mutter und Berufstätige zu sein ist also mindestens so anstrengend wie gleichzeitig engagierter Vater und Geldverdiener. Allerdings haben Frauen bei dieser Erfahrung einen gehörigen Vorsprung, weil sie sich länger schon in typisch männlichen Domänen tummeln als sich umgekehrt Männer in den traditionell weiblichen Bereichen Haus- und Beziehungsarbeit versuchen.

So gab jüngst eine überwältigende Mehrheit (86%) der deutschen Frauen auf Anfrage zu Protokoll, sie würden gern zusätzlich zu Hausarbeit und Kindererziehung arbeiten. Auf der anderen Seite finden aber auch 57 Prozent, daß am Konflikt zwischen Familie und Beruf »etwas Wahres dran« ist. Indiz für die oft nur schwer zu vereinbarende Doppelbelastung: 62 Prozent der Frauen in gehobenen Management-Positionen haben keine Kinder.

Nicht wenige Frauen kehren deshalb schon nach einigen kräftezehrenden Erfahrungen mit Beruf und Familie inzwischen wieder zum alten Versorgtsein-Modell zurück. Trotz Quoten in Politik und Wirtschaft: Die Quote der Frauen, die sich nach Ausbildung, Studium oder kurzer Berufstätigkeit ziemlich widerstandslos für das altvertraute Rollenmodell entscheiden und spätestens nach der Geburt eines Kindes ganz zu Hause bleiben, ist gestiegen. Still und von der Öffentlichkeit relativ unbemerkt verzichten manche auf ein forderndes Hin und Her zwischen Familie, Kindern und Berufsalltag.

Andere haben sich mehr oder weniger erfolgreich auf ein Lavieren zwischen den Fronten eingelassen. Einerseits wollen sie die Außenwelt mitbestimmen und »wie ein Mann« behandelt werden, andererseits lassen sie sich traditionell versorgen und klassisch hofieren. Und da die Männer noch keine Haltung für sich gefunden haben, lassen sie sich vielfach entsprechend gängeln. Sie wissen nicht und haben sich auch wenig Gedanken darüber gemacht, wie sie den doppelten Ansprüchen genügen können. Nur wenige Männer stellen sich der Herausforderung. Sie lassen sich lieber von Partnerinnen, die bereits durch die Frauenbewegung gegangen sind, ihre neue Männlichkeit definieren, anstatt sich selbst auf die mühsame Suche zu machen und sich durchzukämpfen.

Ihre fast immer von der Mutter dominierte Sozialisation ist ihnen da keine Hilfe. Im Gegenteil: Mütter bringen ihnen immer wieder in Erinnerung, wie einfach und bequem doch die Rollenverteilung sein könnte – wenn sie nur bereit sind, sich verwöhnen und gleichzeitig gängeln zu lassen. Denn auch Männer von heute wollen am liebsten beides: sowohl eine fürsorgliche Partnerin, die sie wieder aufbaut, wenn es in der Firma nicht so läuft, die ihnen stillschweigend die Hemden bügelt und die ihm die tobenden Kinder nach Feierabend vom Hals hält, wie auch eine selbstbewußte, vorzeigbare, moderne Frau, die ihnen ein gleichberechtigtes Gegenüber ist.

Deshalb halten so viele von ihnen still und vermeiden eindeutige Stellungnahmen, wenn die verwöhnenden Mütter links und die fordernden Partnerinnen rechts an ihnen zerren. Am liebsten wäre ihnen, daß die beiden Frauen diesen Konflikt, der eigentlich erst einmal nur sie selbst angeht, in ihrem Sinne und für sie lösen – natürlich möglichst ohne unbequeme Einbußen oder einen unangenehmen Gesichtsverlust vor Freunden und Kollegen davonzutragen.

5
Machtspiel mit Enkeln

»Bei Omi darf ich das aber«, argumentieren Kinder gern. Und bringen ihre Eltern damit in Zugzwang. Entweder sie gestehen der »lieben Omi« eine gewisse Erziehungskompetenz gegenüber den Enkelkindern zu, oder aber sie verzichten fortan auf die tatkräftige Unterstützung der Großmutter. Letzteres fällt immer schwerer: Zunehmend wollen Mütter berufstätig bleiben, Kindergarten- oder Hortplätze sind ausgesprochen schwer zu bekommen, und ein unkompliziertes gegenseitiges Nachbarschafts-Babysitting ist zumindest im anonymen Großstadt-Dschungel die Ausnahme.

In solcher Mangelsituation drängen sich Großmütter geradezu auf. Erstens haben sie in der Regel viel mehr Zeit als die vollbeschäftigten Eltern, weil sie nicht mehr berufstätig sind oder es nie waren. Und zweitens sind sie fast immer dazu bereit, ihren vielseitigen Erfahrungsschatz an die Schwiegertochter zu bringen. Oft sind sie es, die mit den Kindern einen ganzen Nachmittag im Zoo verbringen oder stundenlang zuhören, wenn die Kleinen mit hochrotem Kopf von ihren aufregenden Erlebnissen im Kindergarten berichten.

»Kinder«, soll die Fernsehmoderatorin und Mutter Margarete Schreinemakers in einem Interview gesagt haben, »sind so wunderbar mitzuerleben wie anstrengend zu organisieren.« Für erfahrene Mütter und Väter – besonders bei doppelter Berufstätigkeit – sicher keine aufregend neue Nachricht: Bei all dem Glück, das Kinder ins Leben und in die Partnerschaft bringen können, werfen sie gleichzeitig zahllose kleine und große Probleme auf. So muß die Aufteilung der elterlichen Rollen ständig neu besprochen und organisiert werden. Wer steht nachts auf, um das geliebte, aber nun plärrende Bündel wieder in den Schlaf zu wiegen? Wer verzichtet auf eine reibungslose Karriere und nimmt sich Mutterschafts- respektive Vaterschaftsurlaub? Wer holt später die Kleinen mittags vom Kindergarten ab? Wem traut man als Babysitter, wenn man mal wieder zu zweit ins Kino gehen oder ein paar Tage in Urlaub fahren will? Wer bestimmt und kontrolliert die Fernsehgewohnheiten und Schlafenszeiten der Kids? Wer klärt sie auf und wie? Fragen über Fragen. Die sicher nicht alle unverzüglich und in jedem Detail besprochen werden müssen, die aber gleichwohl Stoff für Diskussionen und Dissonanzen liefern.

Aber wenn (Schwieger-)Mütter zu (Schwieger-)Omas, Söhne zu Vätern und Schwiegertöchter zu Müttern werden, sind automatisch auch die Karten im Dreiecksverhältnis Mutter, Sohn und Partnerin komplett neu gemischt. Denn nun treten Schwiegermütter wieder verstärkt auf den Plan. Enkelkinder geben ihnen den begründeten Anlaß, am neuen Glück der jungen, unerfahrenen Familie teilzuhaben – aus natürlicher Neugier, mitfühlendem Verantwortungsbewußtsein, Begeisterung und aus Sorge. Meist bringen sie ihre eigenen Vorstellungen, wie Kinder erzogen und behütet werden sollten, gleich mit. Und sie wollen gehört werden.

Der französische Familientherapeut Philip Gurin nennt vier Gründe, warum Partnerschaften oft gerade dann kriseln, wenn Kinder mit der ihnen eigenen Vehemenz die bislang traute Zweisamkeit aufmischen:

1 der legendäre Streit ums Geld (weil die gemeinsame,

neue Verantwortung für die finanzielle Grundversorgung der Familie steigt)
2 oft veränderte, divergierende Sex-Bedürfnisse
3 Probleme mit der internen Aufteilung elterlicher Pflichten
4 neu aufkeimende Konflikte durch die unerwünschte Einmischung von Schwiegereltern

Schwiegermütter wissen, auf die Enkelkinder können sie sich verlassen. Kleinkinder benehmen sich heute auch nicht viel anders als vor zwanzig oder gar dreißig Jahren. Auch dann, wenn ihre Eltern andere Lebensentwürfe verfolgen als solche, die Schwiegermütter in ihren eigenen Ehen realisiert haben. Wenn etwa beide berufstätig bleiben wollen, wenn sie noch in wilder Ehe zusammenleben und es womöglich auch in Zukunft weiter vorhaben, wenn sie vielleicht nicht einmal einen gemeinsamen Haushalt führen – ihre Kinder bleiben für die Schwieger-Oma deswegen doch Kinder: Als Babys schreien sie wie zu Großmutters Zeiten nach Essen und Beachtung. Wie eh und je bekommen sie manchmal hohes Fieber und ganz sicher schmerzhaft ihre ersten Zähne. Kinder mögen auch heute noch ausgiebige Zuwendung, sie müssen in den ersten Jahren immer noch ständig beaufsichtigt werden, machen sich beim Spielen weiterhin die Klamotten schmutzig und genießen es ungebrochen, von der Oma mit Spielzeug und Liebe überhäuft zu werden.

Mit Enkelkindern verbinden viele Schwiegermütter eine vertraute Labsal, besonders nach den häufig verwirrenden Ausflügen in die undurchsichtige Welt der modernen Ehe, die sie bei ihrem Sohn und seiner Partnerin miterleben mußten. Entsprechend warten potentielle Großmütter oft schon sehnlichst darauf, endlich wieder in einem familiären Bereich wirken und helfen zu können, in dem sie sich bestens auskennen.

Allerdings hat sich auch die moderne Erziehung als ziemlich knifflige Angelegenheit entpuppt, über die man durchaus verschiedener Meinung sein kann. Kommt dann noch eine dominante Schwiegermutter hinzu, die sich gleich mit vollem Elan und hypermotiviert auf das Wohl und Wehe der Enkelkinder stürzt, sind Konflikte mit Sohn und Schwiegertochter unausweichlich.

Schwiegermütter haben ohnehin einen ungleich schwereren Stand als Mütter. In der Psychologie ist seit langem bekannt, daß sich Frauen nach der Geburt ihres ersten Kindes ihrer eigenen Mutter zuwenden, sich wieder stärker als zuvor mit ihr identifizieren. Eine für Mutter und Tochter bestimmt wünschenswerte Offenheit entsteht – die jedoch der Schwiegermutter schwer zu schaffen machen kann.

Das bisherige »Macht«-Verhältnis zwischen Schwiegermutter und -tochter verschiebt sich nach der Geburt eines Kindes noch deutlicher zuungunsten der Schwiegermutter, hat die amerikanische Sozialforscherin Lucy Rose Fischer festgestellt. Vergleichbare deutsche Studien existieren zwar nicht, aber man kann wohl davon ausgehen, daß es sich in Europa ähnlich verhält: Die von der Amerikanerin befragten jungen Mütter gaben durchweg zu Protokoll, sie würden Tips und Kritik der eigenen Mutter (wieder) ernst nehmen. Aber nur jede vierte gab an, auf den Rat der Schwiegermutter zu hören. Weitere 25 Prozent der befragten Mütter meinten, sie würden sie erst einmal ernst nehmen und sich zumindest überlegen, ob sie auf die Ansichten der Schwiegermutter eingehen wollen. Rund die Hälfte gab allerdings zu, nicht einmal zuzuhören, was ihre Schwiegermutter ihnen zu sagen und zu empfehlen hat, geschweige denn, daß sie sich danach richten würden.

Selbst wenn die Schwiegermutter bislang einigen Respekt als familiäre Instanz, manchmal gar als heimliche graue Eminenz genießen konnte, mit der sich die Schwiegertochter nicht anzulegen wagte (allein schon, um Streß und Streit mit ihrem Mann zu vermeiden), spätestens mit dem Nachwuchs wird alles anders. Nun steht die junge Mutter eindeutig im Mittelpunkt des Dreiecksverhältnisses, mit ihr muß sich jetzt auch die Schwiegermutter gutstellen.

Mehr noch, viele Frauen erwarten nach der Geburt eigener Kinder auch von ihrem Partner, daß er eine stärkere Distanz zu seiner Mutter wahrt. Denn sie wollen jetzt mehr denn je, daß er in dieser neuen, verantwortungsträchtigen Situation eindeutig zu ihnen steht. Und das bedeutet für sie, daß er sich auch von den letzten Resten seiner Versorgungs-Abhängigkeit von der Mutter verabschieden soll. Offenbar mit einigem Erfolg: Tatsächlich, auch das hat die Familienforscherin Lucy Fischer ermittelt, entwickeln viele junge Väter zunehmend eigenständige mutterunabhängige innerfamiliäre Sichtweisen. Verheiratete Männer mit Kind, konstatiert die Amerikanerin, fragen im Schnitt weitaus seltener die eigene Mutter um Rat als kinderlose männliche Ehepartner. Natürlich will auch die Sohnesmutter nach der Geburt von Enkelkindern einen guten Kontakt zur Partnerin ihres Filius. Sie weiß, daß sie in den ersten Jahren nur über die mütterliche Instanz der Schwiegertochter an die Wiege, den Wickeltisch und später in das Kinderzimmer gelangt. Ein Besuchsrecht für Enkelkinder bei ihrem Sohn oder ihrer Schwiegertochter einzuklagen, damit wird sie wenig Erfolg haben. Ein solches archaisches Recht ist spätestens obsolet geworden, seitdem die unter einem Dach lebende Mehr-Generationen-Familie nur noch Seltenheitswert hat.

Einige Schwiegermütter registrieren intuitiv ihre neue, geschwächte Position und halten sich vorerst zurück mit ungebetenen Ratschlägen an Sohn oder Schwiegertochter. Andere preschen aus Panik, den Anschluß zu verpassen, erst recht vor. Auf lange Sicht das Bedürfnis auf familiäre Nähe zurückhalten können und wollen nur die wenigsten. Warum auch, schließlich sind die süßen Kleinen ebenso ihre Enkelkinder. Warum sollten sie schlechtere Ratgeberinnen, nachlässigere Babysitterinnen oder unfähigere Schulaufgabenhilfen sein? Nur weil sie nicht die Mutter der Mutter, sondern des Vaters sind?

Schwiegermütter sind immer noch die besten, wenn »Not am Mann« ist. Wenn beispielsweise ein schnelles Hausmittel gegen Husten gesucht wird, das hübsche Porzellan für die Geburtstagsfeier ausgeliehen werden soll, nach einem zinslosen Kleinkredit für das neu eingerichtete Kinderzimmer oder nach einer auch kurzfristig verfügbaren Tagesmutter gefahndet wird. Mitunter kommen sogar Söhne in Ehefragen auf sie zurück, besonders wenn diese sich um die Kinder und die Auswirkungen auf das Familienleben drehen. In der Regel können sie sich ihres eheerfahrenen Rates und praktischer Hilfe sicher sein. Kurzum: Schwiegermütter sind dann beliebt, wenn sie, wann immer nötig, selbstlos einspringen und sich ansonsten mit Tips und Einmischungen aller Art zurückhalten.

Mit dieser undankbaren, einseitigen Versorger-Funktion können sich viele Schwiegermütter nur schwer anfreunden, auch wenn sie sich über die Jahre selbst mit dieser Rolle identifiziert haben. Sie wollen mehr, sie wollen aktiv teilhaben am erweiterten Familienleben. Manche Schwiegermütter kämpfen deshalb mit harten Bandagen um Teil- und Einflußnahme. Sie kündigen offensiv ihren Besuch für den nächsten Sonntag an (»die Kleine ist doch bestimmt wieder ein Stück gewachsen«) und kultivieren die bekannten, aber immer noch wirkungsvollen Bestechungsformen (Schokolade, heimlich zugestecktes Taschengeld, die Erlaubnis, bei ihnen länger aufbleiben zu dürfen als bei Mama und Papa). Andere beklagen sich bitter bei ihrem Sohn, weil der schließlich dafür sorgen könnte, daß sie bei den Enkelkindern nicht zu kurz kommen. Und wieder andere leiden einfach nur still und leise unter dem Gefühl des »Geschnittenwerdens«, lassen ihre Enttäuschung höchstens mal durch eine spitze Bemerkung erkennen (»wer war denn bei dem Geburtstag der Kleinen gestern alles so eingeladen«).

Eine vertrackte Situation, denn selten kommen die verhinderten Ansprüche der Schwiegermutter offen auf den Familientisch. Selten traut sich eine junge Mutter, ihrer Schwiegermutter direkt ins Gesicht zu sagen, wo sie die Grenzen der Einmischung ziehen möchte. Umgekehrt fällt es auch Schwiegermüttern ausgesprochen schwer, ihre Ansprüche klar und deutlich anzumelden. Allemal fürchten sie eine schmerzliche, kränkende Abfuhr. Noch seltener artikuliert der Sohn, Partner und seit kurzem auch Vater seine Vorstellungen und Bedenken. Durch verdrängende Sprachlosigkeit, weiß man, entstehen Spekulationen und Gerüchte. Man beginnt zu interpretieren – die wohl ungünstigste Ausgangslage für eine befriedigende Gestaltung eines so komplexen Beziehungsgeflechtes wie zwischen Mutter, Sohn, Partnerin und Enkelkindern.

Vera, 28, Verlagskauffrau, verheiratet, ein Kind
»Sie mischt sich ständig in die Erziehung unserer Tochter ein«

Meine Schwiegermutter ist eine einfache Frau, und so ist auch die Wohnung: Gelsenkirchener Barock, röh-

render Hirsch, Kunstgewerbe-Krüge auf der Schrank-
wand, in einem eine dunkelrote Kirmesrose aus Plastik
– mein Mann hatte sie mal geschossen und seiner Mutter geschenkt. Alles nicht so geschmackvoll.

Meine Schwiegermutter ist dazu nicht auf den Mund
gefallen. Wenn ihr etwas nicht paßt, bollert sie gnadenlos rum. Manchmal sehr unpassend, so daß man das als
unverschämt oder anmaßend empfinden könnte. Sie
mischt sich ein und sagt Dinge, die man zwar einem
kleinen Kind noch aufdrücken kann, wo man bei einem
Erwachsenen aber den Mund halten sollte.

Ein unheimlicher Dorn im Auge war ihr, als ich
schwanger wurde und erzählte, ich wolle halbtags wei-
terarbeiten. Mein Kind zu einer Tagesmutter geben. Da
habe ich mich das erste Mal von ihr bedrängt und belä-
stigt gefühlt. Nicht, daß ich ein schlechtes Gewissen
gehabt hätte, aber ich dachte, was geht es sie denn
an?

Sie hat mich seitdem ständig ausgefragt. Mein Wunsch,
weiter berufstätig sein zu wollen, wurde zum ständigen
Gesprächsthema gemacht. Immer, wenn wir kamen,
kam die Frage, wie stellst du dir das denn vor? Wie soll
das denn einmal werden? Und dann kam regelmäßig:
Ihr habt das doch gar nicht nötig.

Darum geht es ja gar nicht, aber das versteht sie bis
heute nicht. Und ich verstehe sie nicht, denn sie ist
überhaupt nicht zufrieden damit gewesen, daß sie zu
Hause gesessen und keinen richtigen Beruf gehabt hat.
Sie hat mit allen Mitteln versucht, mir ihre Meinung
aufzuzwängen. Fast glaube ich heute, sie ist neidisch.
Sie gab einfach keine Ruhe. Ich habe mich beispielsweise einmal mit ihr getroffen, hochschwanger, wir
kauften zusammen die Erstausstattung. Wir saßen im
Bus, und sie fing an, sie würde jeden Morgen beobachten wie in der Nachbarschaft die berufstätigen

Mütter ihre armen Kinder zum Kindergarten zerren würden. Die Kinder würden immer weinen, und es sei herzzerreißend, sie weinen zu hören. Die Kinder seien so unglücklich, und das Nachbarkind, von dem die Mutter neuerdings arbeite, mache nun wieder ins Bett.

Außerdem erinnere sie sich genau, wie mein Mann aus der Schule kam und immer gesagt habe, Mama, wie schön, daß du zu Hause bist. Ob ich denn so abgebrüht sei, daß ich mir ein Schlüsselkind heranziehen wolle? Sie fände das ganz schlimm. Die Kinder der berufstätigen Mütter in der Nachbarschaft seien zudem völlig verlottert. Es drehe einem das Herz um. Irgendwann habe ich einfach aufgehört, darüber zu diskutieren. Ich habe es mir dann angehört und gesagt, laß das mal unsere Sorge sein – mehr nicht.

Innerlich war ich natürlich sauer und genervt, aber ich habe es mir nicht anmerken lassen. Mein Mann hat, wenn ich ihm das erzählt habe, darüber gelacht.

Als meine Tochter da war, hatte sie mich soweit gebracht, daß ich ihr überhaupt nichts mehr erzählt habe. Weder, daß ich eine tolle Tagesmutter gefunden hatte und meine Tochter schon immer zum Eingewöhnen dahin gebracht hatte, noch, daß ich eine Putzfrau hatte. Auch nicht, daß ich einen neuen Job gefunden hatte, rein gar nichts mehr. Ich habe angefangen, mir kleine Lügenkonstruktionen aufzubauen, um nur das preiszugeben, worüber sie sich nicht das Maul zerriß. Sie nutzte trotzdem jede Gelegenheit, um mir einen überzubraten. Beispielsweise bekam meine Tochter eine Virusinfektion mit hohem Fieber gerade da, als ich anfing zu arbeiten. Was sagt meine liebe Schwiegermutter? Die Erkrankung meiner Tochter sei psychisch bedingt. Das Kind spüre, daß ich wieder arbeiten ginge. Das nervte. Später erfuhr ich, daß sie das Thema bei sich in der Nachbarschaft durchdiskutiert hatte! An dem Abend habe ich hier heulend gesessen, weil ich sie so respektlos fand.

Sie mischte sich in alles ein, was das Kind anging. Deswegen haben wir uns oft in den Haaren gelegen. Sie macht aus Nebensächlichkeiten einen Weltuntergang. Ich akzeptiere, wenn meine Tochter morgens nur ein paar Happen essen mag. Ich sage, wir leben in einer Zeit, wo ein Kind sicher nicht verhungern wird. Und wenn es bis mittags nichts bekommt, wird es um so mehr essen. So ist es auch.

Sie dagegen veranstaltet ein blödsinniges Theater, damit meine Tochter morgens richtig ißt. Weil sie meint, das Kind muß essen. Es fällt vom Fleisch, wenn es morgens nicht richtig ißt. »Morgens wie ein Kaiser, mittags wie ein König und abends wie ein Bettelmann«, tönt sie immer und hält das für das Non plus ultra. Das nervt mich, ich hasse das. Ich halte überhaupt nichts davon, einem Kind Hunger einreden zu wollen, wenn es keinen hat. Meine Tochter ist fast vier, und wenn sie sagt, nein, dann ist es auch nein.

Ich sage ihr jedesmal, laß sie, es gibt heute mittag wieder etwas. Sie entgegnet immer: »Dann will sie wieder nicht laufen, weil sie zu schwach ist. Und sie bekommt viel zu wenig Vitamine. Dann ist sie ständig krank.«

Kaum hat meine Tochter eine Erkältung, höre ich außer der Kind-spürt-daß-Mama-arbeitet-Variante noch: »Siehst du, das Kind hat keine Widerstandskräfte. Kein Wunder!«

Sie fiel nicht nur wegen der Erziehung über mich her. Mein Mann in seiner feinen ironisch-witzigen Art hat einmal folgende Bemerkung bei einem Besuch bei seiner Mutter fallenlassen: »Sparen können wir nicht viel. Dagegen, was meine Frau und unsere Tochter so auf den Kopf hauen, kann ich gar nicht anverdienen.« Das war scherzhaft gemeint, er hatte da auch weiter nicht drüber nachgedacht.

Ich allerdings bekam von seiner Schwester kurze Zeit später zu hören: »Du gibst ja wohl zuviel Geld für Klamotten aus.« Ich fiel aus allen Wolken, habe genauer nachgefragt, und dann ließ sie die Katze aus dem Sack. Daß ihre Mutter im ganzen Ort herumerzähle, ihr Sohn komme auf keinen grünen Zweig, weil ich alles Geld ausgebe. Ihr armer Sohn könne nicht gegen meine Verschwendungssucht anverdienen. Und mein Kind würde ich total vernachlässigen.

Im gleichen Atemzug erzählte seine Schwester dann, daß ihre Mutter sich darüber den Kopf zerbreche, warum ich, die ich doch nur ein Kind zu versorgen hätte, wohl eine Putzfrau brauche. Ich weiß nicht, wie sie das erfahren hat.

Da hat es gereicht. Ich war sehr verletzt. Ich habe das ziemlich vorwurfsvoll meinem Mann erzählt und verlangt, daß er das geraderückt. Aber der hat nur gesagt, ich solle das nicht so ernst nehmen. Da habe ich mich noch mal tierisch geärgert.

Ich konnte plötzlich richtig nachvollziehen, warum mein Mann so lange gezögert hatte, sie mir vorzustellen. Er hatte mir auch ziemlich wenig von seiner Mutter erzählt. Nur, daß sie ihn beruflich in eine Richtung gedrängt hat, die er, hätte er sich stark und selbständig genug gefühlt, nicht eingeschlagen hätte. Mein Mann war Beamter im Postdienst geworden. Weil seine Mutter ihm immer eingetrichtert hat, mach was Sicheres. Als Beamter bist du gut versorgt. So nach dem Motto, schlag den geraden Weg ein, dann wird alles gut. Erst acht Jahre später hat mein Mann dann noch studiert und ist heute in der freien Wirtschaft.

So etwas hätten meine Eltern nie von mir verlangt. Ich

habe dann noch mal unser erstes Treffen Revue passieren lassen – wir gingen zusammen Abendessen. Ich habe mich sehr von meiner Schwiegermutter ausgefragt gefühlt. Sie hatte so eine aufdringliche Neugier, was meinen Werdegang, meine Familie, mein Leben angeht. Ich fand das fürs erste Mal etwas zuviel. Ich habe immer gedacht, sie ist ja die absolut bestimmende Person hier am Tisch. Ihr Mann kam überhaupt nicht zu Wort. Er murmelte manchmal zustimmend, aber die Mutter meines Mannes hat das Gespräch bestritten. Ich hatte damals den Eindruck, sie habe den Ehrgeiz, herauszufinden, ob sich ihr Sohn – mein Mann ist übrigens zehn Jahre älter als ich – denn auch richtig entschieden hat. Ich konnte die Situation aber ganz gut ertragen. Ich habe ein gesundes Selbstwertgefühl und habe da in gewisser Weise drübergestanden.

Mein Mann und seine Mutter haben heute eine ziemliche Distanz zueinander, Gott sei Dank. Wohl dadurch, daß mein Mann sich aus diesen kleinen Verhältnissen herausgearbeitet hat. Die Distanz geht von meinem Mann aus, er ist nicht richtig warm mit seiner Mutter. Seine Mutter fuchst das natürlich, sie kann es nicht ausstehen, daß er sich ihrem Einfluß entzieht. Sie hätte gerne immer noch den Daumen drauf. Ich merke ab und zu, daß sie im Grunde unheimlich stolz auf ihren Sohn ist. Sie beschwert sich auch manchmal, sie hätte gerne, daß ihr Sohn ihr gegenüber etwas mehr Initiative zeigt. Er solle doch öfter anrufen und kommen. Ich halte mich da ganz raus, forciere den Kontakt auch nicht mehr, und dann kommt es manchmal zu so Sachen, die hintenherum laufen. An denen wir merken, wie sehr wir sie doch beschäftigen. Ab und zu ruft sie an und sagt schnippisch, sie hätte ja schließlich noch einen Sohn, da merke sie nur nichts von.

Kleine Nickeligkeiten meinem Mann gegenüber erlaubt sie sich gerne. Der Vater meines Mannes ist zeitlebens in der gleichen Firma gewesen, 25, 30 Jahre. Mein Mann hat ja nun öfter gewechselt, nachdem er seinen Beamtenstatus aufgegeben hatte und auf das, was er sich acht Jahre erarbeitet hatte, verzichtet hat. Das konnte seine Mutter nun überhaupt nicht begreifen. In der »Unsicherheit der freien Wirtschaft« hat er nun bereits dreimal das Unternehmen gewechselt. Statt Verständnis oder Ermutigung zu bekommen, wurde er niedergemacht. Der Teufel wurde an die Wand gemalt, es kamen ungläubige Nachfragen. Es war für seine Mutter auch gar nicht interessant, welche Umstände dahintersteckten. Es hieß immer nur, ja du kannst doch nicht schon wieder wechseln. Du hast doch Frau und Kind zu versorgen. Du trägst doch Verantwortung.

Wir fanden das lästig und unerfreulich. Diese Engstirnigkeit. Ob er 'ne tolle Aufstiegschance hatte, ob der Verdienst besser war, das war nicht interessant. Mein Mann ist dem Familienrahmen einfach entwachsen. Ihn tangiert das alles nicht mehr. Ich glaube, in früheren Jahren hat ihn das schon alles geknickt. Weil er Entscheidungen immer alleine fällen mußte. Seine Mutter hat ihn ja auch nie gelobt – das gab es gar nicht. Da kam immer noch gleich etwas hintendran. Und so erlebe ich sie auch. Sie kann es nie dabei belassen, daß sie sagt, schau mal, was draus wird. Immer kommt eine Befürchtung, eine Angst, eine Unsicherheit, auf jeden Fall eine negative Beurteilung. Und das Festhalten an starren Rahmen, wie sie immer waren. Keiner darf etwas anders machen. Ihr Kind nicht und wir mit unserem Kind auch nicht.

6

Schwiegermütter-Bilder

Natürlich ist die Frage nach der typischen Schwiegermutter ungefähr so müßig wie die nach einem für alle Menschen gleichsam gültigen Beziehungsideal. Und doch konnten wir in vielen Gesprächen immer wiederkehrende Muster und Methoden entdecken, mit denen Schwiegermütter »arbeiten«.

Es geht uns dabei weniger um gut oder böse, es geht um den ewigen, heute immer noch gültigen Kampf um Einfluß auf die Lebensgestaltung des (einzigen) Sohnes. In diesem Kapitel soll deshalb nicht die Sprache sein von den Auswirkungen des »close binding« zwischen Mutter und Sohn auf die Partnerschaft, sondern von den Methoden der Einflußnahme. Methoden, die oft unbewußt eingesetzt werden, ohne den bitteren Beigeschmack der Berechnung. Denn jeder Mensch hat seine eigenen Strategien entwickelt, wie er andere in seinem Sinne beeinflussen kann. Das gilt auch und besonders für Schwiegermütter, die nicht mehr wie früher im selben Haus wohnen, sondern aus der Entfernung teilnehmen. Gerade Mütter, die nur noch per Telefon oder bei gelegentlichen (Pflicht-)Besuchen am Alltag ihrer Söhne partizipieren, müssen sich etwas einfallen lassen, um weiter mitreden zu können.

Fast jede Schwiegertochter kennt das: Erzählen wir seiner Mutter, daß wir Probleme miteinander haben, kommt sie mit bohrenden Fragen und täglichen sorgenvollen Anrufen. Verschweigen wir ihr unsere Eheprobleme, spürt sie instinktsicher, daß »irgend etwas bei euch nicht in Ordnung ist«. Was sie naturgemäß um so neugieriger und mißtrauischer werden läßt. In der Regel läßt sie keine Ruhe, sie drängt darauf, der Sache auf die Spur zu kommen. Je nach Mentalität versucht sie es mit vorsichtigen Andeutungen und unverfänglicher Fragerei, gutgemeinten Ratschlägen, indirekten Schuldzuweisungen oder sogar offener Parteinahme. Bewußt und noch viel häufiger unbewußt bestimmen so ihre Wesensart ebenso wie ihre Stellung im Dreiecksverhältnis Mutter, Sohn und Partnerin die Methoden der Einmischung.

Die Übermutter

Häufig traf man auf den Typus der umsorgenden Übermutter. Im tiefsten Herzen glaubt sie zu wissen, daß eigentlich sie die bessere Frau für ihren Sohn ist. Sie kennt ihn schließlich wie sonst niemand. Und sie hat ihm nicht nur die Windeln gewechselt, sondern auch die verwinkeltsten Charakterzüge in ihrer Entstehung beobachten können. Sie hat seine Eigenschaften sogar entscheidend geprägt, aber darüber spricht sie nicht sehr gern. Dafür deutet sie um so lieber mehr oder weniger dezent darauf hin, was gut und was schlecht für ihn ist. Sie hat ziemlich genaue Vorstellungen davon, wie ihr Sohn am besten versorgt werden sollte, sie hat seine Lieblingsspeisen kreiert und weiß, daß man besonders auf seine Kleidung achten muß, damit er nicht mit zwei verschiedenfarbigen Socken oder einer unpassenden Krawatte ins Büro läuft. Grundsätzlich sorgt sie sich darum, daß er ohne weibliche Kontrolle erheblichen Schaden nehmen könnte. Obwohl sie die Versorgung offiziell an die Schwiegertochter abgegeben hat, möchte sie die Oberhoheit dennoch aufrechterhalten. Solchen gluckigen Mutter-Sohn-Beziehungen, weiß der Wiesbadener Diplompsychologe Wilhelm Johnen, »liegt fast immer auch ein libidinöses Verhältnis zugrunde. Insgeheim, das heißt, sie ist sich selbst dessen nicht bewußt, hält sich die Übermutter sogar für die bessere Geliebte. Da sie das aber nicht offen ausleben kann, sorgt sie unerbittlich dafür, daß wenigstens der Komfort des Sohnes nicht geschmälert wird.«

Es liegt auf der Hand, daß die Übermutter ein tiefes Mißtrauen gegen die Versorgungsfähigkeiten ihrer Nachfolgerin hegt. Sie weiß, daß sich ihr Kind längst daran gewöhnt hat, daß eine Frau ständig auf ihn achtgibt. Sie selbst hat ihn ja zu dieser Unselbständigkeit und Hilflosigkeit im Alltag erzogen. Ob die Übermutter ihre Schwiegertochter gleich mit vertraulichen Tips belagert, sie also gutwillig in die Geheimnisse der perfekten Versorgung einweihen möchte, oder ob sie sie erst einmal auflaufen läßt und dann demonstrativ zum Ausbügeln auf der Bildfläche erscheint, wenn die Unachtsame ihren Liebling mit zerknittertem Hemd zu einem wichtigen Bewerbungsgespräch hat gehen lassen, ist eine reine Mentalitätsfrage. Ob zuckersüß oder offen feindselig: Es ist der Kampf der Übermutter um den ewigen Jüngling. Wilhelm Johnen: »Die echte Verbündete gibt es ganz selten, bei mindestens siebzig Prozent bleibt die unterschwellige Konkurrenz das bestimmende Element der Beziehung.«

Daß die Schwiegertochter gar nicht nahtlos in die vorgegebene Rolle der perfekten Versorgerin schlüpfen will, mag die Übermutter sogar nach außen gutheißen (»Bei uns zu Hause mußte er auch immer zum Abtrocknen ran«), im stillen fuchst es sie um so mehr. Der Konflikt lädt sich schnell auf – und der Mann versteht gar nicht, warum die beiden nicht miteinander klarkommen. Einige wollen es auch gar nicht verstehen: »So mancher Mann«, hat auch der Psychologe Johnen festgestellt, »begreift die Konkurrenzsituation intuitiv und nutzt sie aus.« Schließlich geht es um seine Bequemlichkeit.

Läßt sich die Partnerin auf einen Machtkampf mit der Schwieger-Übermutter auf deren angestammtem Terrain ein, hat sie meistens schon verloren. Erstens ist sie fortan nur noch damit beschäftigt, ihrem Mann eine bessere Beraterin, Köchin, Trösterin, Liebhaberin oder auch nur die genügsamere Blitzableiterin zu sein. Zweitens handelt die umsorgende Übermutter, äußerlich betrachtet, konkurrenzlos uneigennützig. Sie hat schon lange alle ihre Anstrengungen selbstlos in die Versorgungsdienste für ihren Sohn gesteckt. Tatsächlich will sie ja »nur das Beste für ihn«, auch weil sie sich daran gewöhnt hat, sich über einen anderen Menschen, ob Mann oder Sohn, zu identifizieren. Ihre Arbeit im Hintergrund verschafft ihr oft einen versteckten, höchst effektiven Machtbereich. Durch die (ungefragte) Übernahme praktischer Versorgungstätigkeiten schafft sie Abhängigkeiten, doch trotz ihres forschen »Ich mach' das schon«-Auftretens haben Übermütter oft gar kein so übermächtiges Selbstbewußtsein.

Sich der unermüdlichen Versorgungsangebote einer Übermutter zu erwehren, ist sicher nicht leicht. Das Wichtigste ist, daß der Mann zur gemeinsamen Lebensgestaltung mit der Partnerin steht, auch wenn es ihn so manche vordergründige Bequemlichkeit kostet. Freundlich aber bestimmt müssen der Übermutter ihre Grenzen in Sachen familiäres Mitspracherecht aufgezeigt werden. Etwa: »Vielen Dank für Deinen Ratschlag, aber wir haben uns für eine andere Regelung entschieden.«

Gitta, 39, Kindergärtnerin, geschieden, zwei Kinder
»Meine Schwiegermutter war der Boß des ganzen Clans«

Meine Schwiegermutter war der Chef. Der Familienboß. Alle hatten sich ihren Anordnungen zu fügen. Sie dirigierte nicht in dem Sinne, daß sie deutliche Vorschriften gemacht hätte. Es waren Gesten, Blicke, vor allem die Art wie sie schwieg. Damit hielt sie alle in Schach. Dinge, die unbehaglich waren, wurden nie direkt ausgesprochen. Nur durch Körpersprache oder bewußtes darüber Schweigen kriegte man alles mit. So wurde es mit allen Problemen gemacht.

Unsere Beziehung fing damit an, daß sie entschied: »Ein Kind ist unterwegs, soso! Dann heiratet ihr!« Das war die erste Begegnung mit meiner Schwiegermutter. Sie tat anfangs total begeistert. Sie habe sich immer eine Tochter gewünscht, aber drei Söhne bekommen. Und ich war ein sehr braves Mädchen damals. Ich werde nie vergessen, sie hat meinen Mann angesehen – nicht mich – und hat zu ihm gesagt: »Ach, die ist ja süß!« Als sei ich ein Meerschweinchen. Damals fand ich das schrecklich nett.

Dann war die Heirat in Planung, es war November, und ich verbrachte eine Nacht bei der Familie meines Mannes. Ich schlief im Zimmer meines Mannes und er im Wohnzimmer. Ich bin spät noch mal zu ihm rüber unter die Bettdecke zum Gute Nacht sagen. Schwiegermutter hatte es doch tatsächlich gehört und kam hinterher. Das muß man sich mal vorstellen. Und ich war schon schwanger. Da bin ich schnell und beschämt rüber in mein Bett gekrochen. Ich habe mich ertappt gefühlt.

Ich habe sehr jung geheiratet, mit 19. Aus heutiger Sicht war ich noch ein halbes Kind. Mein Mann war fünf Jahre älter. Es paßte damals in mein Weltbild, daß meine Schwiegermutter die Mutterrolle für uns beide übernahm. Ich mußte ihr gehorchen.

Ich wurde sofort völlig in die Familie aufgenommen. Wurde auch gleich zu Heiligabend eingeladen und deshalb von meiner Schwiegermutter eingekleidet. Es mache ihr Spaß, mal etwas für ein »Mädchen« zu kaufen, sagte sie. Sie behandelte mich wie eine Puppe. Die Sachen, die sie für mich aussuchte, gefielen mir meist nicht. Ich hatte damals aber Probleme damit, zu sagen, ich mag das nicht leiden. Ich sollte immer alles mögliche anprobieren, und ich habe immer nur darauf geachtet, daß es nicht zu teuer wird. Irgendwann habe ich schließlich gesagt, ich mag das leiden. Ich weiß es heute noch, das erste Teil war ein blauer Hosenanzug, Sonderangebot, der hat 119,– Mark gekostet. Mein Mann war immer dabei, und es hieß dann von beiden: »Ooohhh, das sieht ja niedlich aus.« Ich habe meist genommen, was preiswert war.

Die gesamte Familie meines Mannes wohnte in einem Haus mit einem weitläufigen Grundstück auf dem Land. Seine Eltern, sein Bruder mit Frau und Kindern, die Großmutter. Selbst die alte Dame richtete sich nach meiner Schwiegermutter. Wie alle. Das ist so selbstverständlich im Leben dieser Familie, daß ich gar nicht auf die Idee kam, daß da etwas falsch dran sein könnte.

Auch ich habe meine Schwiegermutter anfangs immer gefragt, nach allem möglichen. Ich hatte keine Ahnung im Haushalt, ich konnte nicht mal kochen. Wir haben eine Zeitlang jeden Tag telefoniert, meist hat sie angerufen. Ich aber auch oft. Sie war diejenige, die über alles Bescheid wußte und an die man sich wandte. Sie und mein Mann waren in meinen Augen diejenigen, die alles konnten. Ich konnte ja nichts, mit der Überzeugung bin ich in die Ehe gegangen. Ich war fast bis zur Heirat im Internat. Da war es unmöglich, etwas Eigenständiges zu entwickeln.

Die erste Zeit habe ich immer gesagt, ich habe es mit meiner Schwiegermutter gut getroffen, die mischt sich nicht ein. Sie hat sich so geschickt eingemischt, daß es mir gar nicht aufgefallen ist.

Im Laufe unserer Ehe ist mir schon das eine oder andere klargeworden. Nämlich, daß wir gar nicht unser Leben leben, sondern nur so eine Abzweigung sind von seinem Elternhaus. Indirekt fremdbestimmt. Aber es dauerte, bis der Groschen richtig fiel.

Irgendwann fiel mir auf, daß mein Mann bei allen anfallenden Entscheidungen sofort mitüberlegte, wie seine Mutter darauf reagieren würde. Und machte es dann gleich »richtig.« Beispielsweise mit unseren Geburtstagen. Es gab das ungeschriebene Gesetz – ich weiß bis heute nicht, warum das so viele Jahre immer nur so gelaufen ist –, daß nur seine Familie zu Besuch kam. Kein anderer.

Eines Tages habe ich gedacht, ich möchte eigentlich auch mal, daß meine Freundin Karin zu meinem Geburtstag kommt, und ich habe sie eingeladen. Meine Schwiegermutter war stinksauer. Das wurde wieder nicht ausgesprochen, sondern ich erfuhr später von meinem Mann: »Sie war ganz schön sauer, daß du Karin eingeladen hast.« Und: »Da hast du ja mächtig was auszubügeln.« Mein Mann präsentierte mir das immer so: »Nun sieh mal zu, wie du das wieder in Ordnung bringst. Da hast du dir aber auch ein Ding geleistet.« Ich kam anfangs selten auf die Idee, aus der Reihe zu tanzen.

Irgendwann hatte mein Mann mal viele ehemalige Studienkollegen eingeladen, er ist Lehrer. Da hatte er vorher seine Mutter um Erlaubnis gefragt und seine Eltern natürlich auch eingeladen. Weil es nicht so warm war, saßen manche drinnen und manche draußen. Wir haben gegrillt. Meine Schwiegereltern saßen drinnen.

Ich war ständig auf den Beinen, wie das so ist, bot draußen an, bot drinnen an, sorgte dafür, daß alle Gläser immer voll waren.

Am nächsten Tag kam dann durch die Blume rüber, meine Schwiegermutter sei stinksauer, daß wir uns nicht um sie gekümmert hätten. Hat sie mir wieder nicht direkt gesagt. Sie hat sich nur demonstrativ nicht über das Fest geäußert. Das Schweigen war so aufdringlich, daß klar war, sie ist vernachlässigt worden. Mein Mann bekam ein schrecklich schlechtes Gewissen und hat sich dann ganz schwer bemüht, das durch Wohlverhalten wieder auszubügeln. Er meinte wochenlang, er habe etwas gutzumachen. Auch ich habe damals oft versucht, besonders viel anzurufen und besonders hilfsbereit und freundlich zu sein.

Meine Schwiegermutter hatte auch das Talent, ständig beim Essen anzurufen. Einmal fühlte ich mich so gestört, wir saßen gerade, es klingelte, und da habe ich in entsprechend ärgerlichem Ton abgenommen. War das ein Drama, daß ich mich darüber aufgeregt habe! Ich durfte mich nicht gestört fühlen, das war verboten. Mein Mann konnte es nicht ertragen, wenn sie ärgerlich war. Ich mußte das dann wieder geradebiegen, mit größter Aufmerksamkeit.

Ich bekam mehr und mehr das Gefühl, mein Mann und ich leben nur nebeneinander her, es gibt nichts, was wir gemeinsam machen oder haben. Wir hatten durch dieses Ausgerichtetsein auf die Schwiegermutter null Berührungspunkte.

Irgendwann, als unsere Beziehung immer schwieriger wurde, schlug ich meinem Mann vor, wir müssen mal zur Eheberatung. Ich habe meiner Schwiegermutter mit großem Herzklopfen gesagt, wir gehen da heute hin, könntest du bitte Ole hüten? Da hat sie nur gesagt: »So, da wollt ihr hin.« Das wars. Und ich wußte Bescheid. »Was soll das denn?« mußte sie gar nicht aussprechen, das sagten ihre Augen und ihre Körpersprache. Sie hat sofort ein schlechtes Gewissen bei mir erzeugt.

Mein Mann und ich sind genau einmal in die Eheberatung gegangen. Ich war davon überzeugt, aber mein Mann war der Meinung, daß sei alles gar nicht nötig, es sei doch alles in Ordnung. Schließlich habe ich es auch geglaubt und gedacht, was sollte das eigentlich? Sein Verhalten und das seiner Mutter brachten mich dazu, daß ich mich zum Schluß verkehrt fühlte. Dann habe ich diese Idee begraben.

Mein Mann hat nie eigene Initiative in irgend etwas gezeigt. Von seiner Mutter aufgestellte Lebensregeln waren: Man hat ein Haus zu haben, man hat dieses Haus in einer bestimmten Weise eingerichtet zu haben, man hat zwei Kinder zu haben, einen Jungen und ein Mädchen. Natürlich wollte mein Mann irgendwann unbedingt ein eigenes Haus. Mir hätte auch unsere Wohnung gereicht. Sein Argument war, er sei es so gewohnt, er sei so aufgewachsen. Er habe immer in einem eigenen Haus gelebt, und man habe ein eigenes Haus zu haben. Sonst könne er sich nicht zu Hause fühlen, wenn es nicht seins, sondern ein fremdes sei. Seine Mutter hat finanziell viel zugebuttert, damit wir uns das leisten konnten. Dadurch daß seine Mutter alles geregelt hat, meinte er, man brauche nichts selbst in die Hand zu nehmen. Ich sehe es heute auch als ihre Schuld, daß er so ohne Initiative war. Sein Vater war ja genauso, für den wurde ja auch alles entschieden. Der hatte auch keine eigene Meinung. Das ging bis in die finanziellen Bereiche. Wir haben beispielsweise kaum Klamotten gekauft, alles hat Oma bezahlt. Es spielt ja auch eine große Rolle, was der Vater vorgelebt hat. Genauso mein Mann, der hatte auch überhaupt keine Freundschaften. Die Feste hatten ja nur in der Familie stattzufinden. Es hatte nur diese Familie zu funktionieren nach irgendwelchen Gesetzen, die nie ausgesprochen wurden. Aber alle verstanden sie. Meine Schwiegermutter hat regelrecht verhindert, daß er sich entfaltet und entwickelt. Diese Familie hat sich abgekapselt gegen den Rest der Welt. Meine Schwiegermutter hatte ja auch keine Freunde oder gar Bekannte. Da kam überhaupt nie jemand zu Besuch. Ordnung dagegen wurde bei meiner Schwiegermutter großgeschrieben. Auch immer indirekt. Sie hat nie gesagt, hier ist es nicht ordentlich. Aber sie ließ keine Gelegenheit aus, zu betonen, wie stolz sie darauf ist, daß sie Haushaltsführung richtig gelernt hat und Kochen. Und natürlich war das anzustreben von jedem, den Haushalt so zu führen wie sie.

Als ich mich schließlich aus dem Staub gemacht hatte, ist mein Mann an alle Bekannten herangetreten und hat überall herumerzählt, wie unordentlich ich gewesen sei. Ich galt – habe ich erfahren – in der Familie als unordentlich, als Schlampe.

Dabei habe ich jahrelang danach gestrebt, der Ordnungsliebe dieser Familie Rechnung zu tragen. Ganz am Anfang konnte ich es überhaupt nicht, es wurde aber immer besser. Mit Saubermachen und so, es war sehr mühsam, wenn dann mal Besuch kam, mußte unheimlich viel geputzt werden. Ich habe mich im Laufe der Jahre immer weiter verbessert mit Aufräumen und Saubermachen, aber es war eben nicht das, was seine Mutter gemacht hat. Manchmal kam es vor, daß ich Besuch bekam, und dann fing mein Mann an genau in dem Zimmer, wo ich mit meiner Freundin saß, irgendwas aufzuräumen. Demonstrativ! Räumte die ganzen

Sachen aus den Schränken und stellte das rundherum hin, um zu demonstrieren, daß ich da jetzt rumsitze, anstatt endlich diese Arbeit zu machen. Das war auch Eifersucht. Ich hatte ja einen großen Bekanntenkreis im Gegensatz zu ihm.

Natürlich wollte ich öfter mal etwas erleben. Manchmal, wenn wir wirklich triftige Gründe hatten, konnten wir die Kinder bei seiner Mutter unterbringen. Nur mal so zum Tanzen allerdings nicht. Das wurde nicht akzeptiert. Es ist auch während der ganzen 15 Jahre dauernden Ehe nur einmal vorgekommen, weil mein Mann ja nie Lust dazu hatte.

Was triftige Gründe waren, beurteilte sie. Dann kam die Frage, ja müßt ihr denn unbedingt da hin? Unser einmaliges Tanzengehen war auch noch eine Pleite. Es war in einem Festzelt. Alle saßen vergnügt beisammen in Gruppen, und wir beide saßen wie verloren dazwischen, es war doof.

Eines Tages passierte ein Schlüsselerlebnis: eine Glühbirne in der Küche ging nicht mehr. Mein kleiner vierjähriger Ole rief: »Wir müssen Oma anrufen, wir müssen Oma anrufen!« Da fiel bei mir der Groschen. Ich dachte, aha, selbst wegen so einer Lappalie wird bei uns Oma angerufen. Oma, die alles regelt, selbst 'ne kaputte Glühbirne auswechseln. Danach fing ich an, gegenzusteuern.

Der erste Entzug von meiner Seite war, daß ich mir – ehrenamtlich – Arbeit im Kindergarten gesucht habe. Ich habe mich aber noch nicht direkt aufgelehnt, ich habe mir meine Nischen gesucht. Immer so was, was man nach außen legalisieren konnte. Denn eigentlich hatte ich im Haushalt zu bleiben, wäre es nach meiner Schwiegermutter gegangen. Sie hat es nicht akzeptiert, daß ich arbeiten ging, zumal ich inzwischen zwei Kinder hatte. Als Hausfrau und Mutter geht man nicht arbeiten. Dabei ging ich noch nicht mal jeden Tag in den Kindergarten.

Durch den Kindergarten habe ich mich mehr und mehr abgelöst. Da hatte ich endlich ein Stück meiner Welt gefunden, wo ich Anerkennung fand, wo ich selber entschied, was gemacht wurde. Das gefiel mir und war Gott sei Dank nicht das Gebiet meiner Schwiegermutter. Sonst hätte sie sich wahrscheinlich da auch noch eingemischt.

Dadurch, daß ich die Erfahrung machte, wie es ist, nach eigenen Entscheidungen zu handeln, kam ich darauf, daß ich ja auch selbst etwas auf die Beine stellen konnte. Meine Familie lief erst mal wie gewohnt weiter, die habe ich fein säuberlich abgetrennt.

Manchmal gab es Elternabende. Da hat mein Mann sich einmal eine große Unverschämtheit erlaubt. Wir hatten mal wieder Streit gehabt, weil ich zu oft weg war. Da kommt er plötzlich um 22 Uhr mit beiden Kindern rein und sagt: »Hier hast du deine Kinder. Sieh selber zu, wie du sie zum Schlafen kriegst.« Das war wahnsinnig peinlich. Die armen Kinder, die hatte er aus dem Bett gezogen und angezogen. Er hat nicht akzeptiert, daß es meine Arbeit war. Er hat es immer so dargestellt, als sei ich permanent zu meinem Vergnügen unterwegs. Trotzdem habe ich noch keinen Schlußstrich gezogen.

Ob Elternabend, Vorstandsabend, Mitarbeiterbesprechung, ich bin immer schnell, schnell nach Hause. Mit Magendrücken und Streß. Ich kam immer sofort nach Hause und hörte trotzdem regelmäßig: »Warum bist du schon wieder so spät dran?« Dieser Spruch immer, egal, ich hätte mich gar nicht beeilen müssen.

Ich habe ihn immer gehört, und bestärkt hat ihn ständig seine Mutter. Entweder hatten sie gerade telefoniert, manchmal kam sie auch, und saß dann da mit dem entsprechenden Gesicht. Ich war praktisch allein gegen zwei. Ein Gegengewicht in Form eigener Eltern hatte ich nicht anzubieten. Mein Vater war früh gestorben, und mit meiner Mutter hatte ich mich auseinandergelebt. Ich trat trotz aller Probleme auch noch in den Kirchenchor ein und ging einmal die Woche zur Probe. Nach jeder Chorprobe setzte ich mich noch ganz kurz mit den anderen in eine Kneipe. Einmal habe ich es gewagt, eine Chorreise mitzumachen. Es ist mir sehr schwergefallen, wieder nach Hause zu kommen. Ich war so aufgeblüht, es ging mir so gut. Das hat ihn immer sehr gewurmt. Wenn ich nach Hause kam, mußte ich meine Gefühle total wieder runterschrauben. Ich habe immer lange überlegt, wie ich es tricksen könnte, mir Freiräume zu schaffen. Als ich schließlich eine richtige Ausbildung zur Waldorfkindergärtnerin anfangen wollte, habe ich viele lange Anläufe gemacht. Mit Herzklopfen, wie ich das sagen könnte. Was sage ich zuerst? Wie pirsche ich mich da allmählich ran? Ich habe mich immer durchgeschlängelt. Wenn ich meinem Mann etwas beibringen mußte, war das auch gleichzeitig, wie bringe ich es meiner Schwiegermutter bei? Der habe ich's nie direkt gesagt. Immer über meinen Mann, und ich wußte, es landet dann auch bei ihr. Ich habe ihn manchmal einfach vor vollendete Tatsachen gestellt. Weil ich nie mit ihm zusammen etwas planen konnte. Er wollte bloß alles verhindern.

Mit der Ausbildung, das habe ich ihm so gesagt: »Ich kann da ja auch nichts dafür, das verlangen die jetzt von mir im Kindergarten.« Das war auch halbwegs so, also habe ich weiter gesagt: »Ich muß das jetzt machen, und es ist mir ja auch ganz unangenehm. Was machen wir denn bloß mit den Kindern?« Ich habe das selber runtergespielt, damit er es mir nicht vermiest. Die Ausbildung dauerte dreimal kompakt vier Wochen, und jedesmal bin ich mehr aufgeblüht. Einmal hatte ich sogar den Mut, anzurufen und zu sagen, ich komme dieses Wochenende nicht. Das wurde geschluckt mit Brummen.

Irgendwann hatte ich in dieser Familie das Gefühl, zu ersticken. Es gab einmal einen Punkt, da hatte meine Schwiegermutter wieder über meinen Kopf hinweg etwas entschieden, eine Nichtigkeit, und ich war in Tränen aufgelöst. Ich habe zu meinem Mann gesagt: »Es geht nicht, daß immer nur deine Mutter alles macht. Es zählt ja schließlich auch, wenn ich mir etwas überlege.« Das war für mich ganz dramatisch, das zu wagen. Aber da hat er einmal zu mir gehalten und ihr gesagt: »Laß sie mal in Ruhe, sie kann das auch entscheiden.«

Ich bin dann aber richtig ausgebrochen, habe es nicht mehr ertragen. Ich habe für ein paar Wochen die Familie verlassen, ohne meine Kinder. Ich hatte meiner Schwiegermutter geschrieben, ich wisse genau, was sie denkt, weil ich alles hingeschmissen hatte. Aber ob sie nicht auch einmal daran gedacht habe, warum ich das tue. Wie es soweit kommen konnte, daß ich so was fertiggekriegt hätte, meine Kinder zu verlassen. Ob sie nicht einmal daran gedacht habe, daß es mir dann richtig schlechtgehen müsse? Das hat sie nicht verstanden, sie wollte das nicht verstehen. Ich bekam einen selbstherrlichen Brief zurück, voller Vorwürfe. Ich allein war die abgrundtief schlechte Person. Wie schrecklich ich mich verhielte, das könne man nicht, egal was passiert sei. Und nach meinem Verhalten sei sie nicht mehr bereit, mit mir zu sprechen. – Sie hat es wahr gemacht, bis heute hat sie kein Wort mehr mit mir gesprochen. Ich bin zwar noch mal zurückgekehrt, aber dann bin ich endgültig gegangen. Wir sind jetzt seit fünf Jahren getrennt. Ich traf sie neulich im Supermarkt, der Schwiegervater kniff mir ein Auge zu. Er darf mich ja nicht begrüßen, und sie geht stur an mir vorbei.

Heute sage ich, es war eine symbolische Mutter-Sohn-Beziehung. Sie hatte die totale Kontrolle. Er hat sich völlig gefügt.

Bevor ich endgültig auszog, hatte ich noch mal zu meinem Mann gesagt, ich wolle nicht nur Sexobjekt und Hausfrau sein. Da hat er wörtlich gesagt – ich dachte, ich höre nicht richtig: »Wieso, ist das noch nicht genug?« Er hatte es überhaupt nicht verstanden. Das habe ich von ihm wirklich nicht erwartet. Und ich habe überlegt, ob er es ironisch meint, und ihn danach gefragt. Aber er meinte das ernst. Er wollte nicht mehr. Als ich sagte, das kann ja nicht stimmen, du willst doch sicher auch eine Ehefrau und Partnerin haben, da wurde mir klar an seinem Verhalten, daß er wirklich nur 'ne Haushälterin und 'ne Sexualpartnerin wollte. Er hatte ja seine Mutter.

Die Enttäuschte

Ganz anders als die Übermutter verhält sich die enttäuschte Mutter. Ihr Sohn ist nicht so geworden, wie sie ihn sich erträumt hatte. So, wie er ist, kann sie ihn nicht akzeptieren. Er hat nicht den beruflichen Ehrgeiz, den sie sich von ihm erhofft hatte, oder er hat keinen »ordentlichen« Beruf gewählt; er läuft in Klamotten herum, die sie für gänzlich unpassend hält; nicht einmal seine Bekannten haben das Niveau, das sie sich für ihn wünschen würde; und schlußendlich spürt sie, daß er sich noch immer rebellisch gegen ihren Einfluß auflehnt.

Man trifft die enttäuschte Mutter häufig in Familien, in denen »man es zu etwas gebracht hat«. Der Vater, ihr

Mann, ist womöglich ein angesehener Arzt (und sie »Frau Doktor«), führt die Apotheke am Ort oder betreibt erfolgreich eine Anwaltskanzlei. Dem erworbenen Status entsprechend ist Sohnemann eigentlich dazu auserkoren, in die Fußstapfen von Papa zu treten. Aber statt ernsthaft Medizin oder Jura zu studieren, hat Junior handwerkliche oder musische Ambitionen entwickelt, möchte Jazzpianist oder »nur« Tischler werden.

Je nach Charakterstärke und latenter Stimmungslage

- erwartet die Sohnesmutter nun von ihrer zukünftigen Schwiegertochter, daß sie ihn endlich auf den richtigen Weg bringt (»Ich freue mich ja so, daß er jetzt dich hat, du wirst ihn schon hinbiegen«)

- ist sie froh, endlich eine Schuldige für sein »Versagen« dingfest machen zu können (»Hätte seine Frau mehr Klasse, hätte er nicht diese Flausen im Kopf«)

- ist sie von vornherein destruktiv, weil er »sich mit Sicherheit wieder keine ausgesucht hat, die ihn mal richtig fordert«, sondern eine »Transuse, die selbst im Leben nichts Vernünftiges zustandebringt, die ihn auf ihr Niveau herunterzieht«

- oder aber sie umgarnt, tröstet und beschenkt die Neue schuldbewußt, weil »ich weiß, was du alles mit ihm auszustehen hast«.

Obwohl die enttäuschte Mutter irgendwie auch erleichtert ist, daß von nun an jemand anderes da ist, um doch noch einen erfolgreichen, verantwortungsvollen und standesbewußten Mann aus ihrem Sohn zu machen, auf den sie womöglich sogar noch einmal stolz sein kann, statt sich für ihn schämen zu müssen, fragt sie regelmäßig besorgt bei ihrer Schwiegertochter nach. »Studiert er endlich zielstrebig und macht seine Scheine?«, »Findest du es nicht auch albern, daß er ständig in diesen verwaschenen Jeans rumläuft«, »Hat er sich endlich nach einer anderen Arbeit umgese-

hen?« und »Trifft er sich immer noch mit dieser entsetz-
lichen Clique?« Ihn selbst traut sie sich nicht zu fragen,
sie bekommt erfahrungsgemäß ohnehin keine vernünf-
tige Antwort. Also bemüht sie sich darum, seine Ehefrau oder Partnerin für ihre Sorgen zu gewinnen.

Die Schwiegertochter hat es dabei ausgesprochen
schwer, sich mit seiner enttäuschten Mutter konstruk-
tiv auseinanderzusetzen. Vor allem, wenn sie als Sün-
denbock herhalten soll. Soll sie doch jetzt geradestehen
für die Erwartungen, die der Sohn nicht erfüllt. Sie
kann nur ihren Mann darin unterstützen, sich irgendwann tatsächlich von seiner enttäuschten Mutter abzunabeln, wenn er es noch nicht getan hat. Wichtig ist,
ihm zu zeigen, daß sie ihn so, wie er ist, völlig okay
findet, schließlich hat sie ihn sich ausgesucht.

Auch ihrer Schwiegermutter sollte sie zu verstehen geben, daß sie ihre Meinung über den Sohn nicht teilt.
Und vielleicht zu bedenken geben, daß die Probleme
eher in den falschen Erwartungen als im tatsächlichen
Verhalten des Sohnes begründet liegen. Auf jeden Fall
sollte sie jedes Gespräch, das mal wieder den »mißra-
tenen Sohn« zum Thema zu haben droht, abblocken
und ihrer Schwiegermutter klarmachen, daß sie sich an
ihren überzogenen Erwartungen nicht beteiligen wird.

Bezogen auf den Sohn-Partner gibt es zwei Möglichkeiten:

- Entweder der Sohn hat wirklich seinen eigenen Weg
  eingeschlagen und ist ganz zufrieden damit. Dann
  kann sie ihn positiv bestätigen

- Oder aber er ist tatsächlich etwas unsicher und labil,
  weil seine abwehrende Haltung der Mutter gegenüber noch mehr mit kindlichem Trotz zu tun hat als
  mit selbstbestimmten Entscheidungen. Auch dann
  sollte die Schwiegertochter ihn grundlegend unterstützen, seine Vorhaben, Unternehmungen oder an-

gepeilten Berufsambitionen durchzuziehen, falls sie
mit ihnen einigermaßen konform leben kann. Selbst
wenn seine Mutter diese unangemessen findet.

Andrea, 37, Kosmetikerin, verheiratet, ein Kind
»Sie akzeptiert weder ihren Sohn noch mich oder
ihr Enkelkind«

Mein Mann ist ein Nachkömmling von einem Verhältnis. Ohne verheiratet zu sein, hat meine Schwiegermutter ihn bekommen. Das vertuscht sie aber. Später
hat sie den Mann dann doch noch geheiratet. Trotzdem
ist mein Mann der ungewollte Sohn geblieben, er paßte
nicht. Und wenn schon, hätte er wenigstens ein Mädchen sein sollen. Er kann ihr nichts rechtmachen, und
sie macht keinen Hehl daraus, wie wenig sie von ihm
hält. So, wie er ist, kann sie ihn nicht akzeptieren.
Sie hat drei Kinder. Zwei Söhne und eine Tochter. Die
Tochter ist ihr ein und alles. Die darf sich alles erlauben,
bekommt alles und versteht es, ihrer Mutter eine
Menge Geld aus der Tasche zu ziehen. Oder sie lädt
ihre Kinder wochenlang bei ihrer Mutter ab und macht
Urlaub. Sie versteht es, aus der Mutter nur Vorteile zu
ziehen.
Meine Schwiegermutter ist herrschsüchtig, dominant
und dumm. In ihren eigenen Augen aber unfehlbar. Sie
weiß alles besser und kann alles besser. Sie hat ein re-
aktionäres Weltbild, ohne das zu reflektieren. Ihr mora-
lisch verbrämtes Bild von Gesellschaft und Zusammenleben versucht sie allen anderen aufzupressen. Ihr
Weltbild ist schlicht. Die Fassade muß in jedem Fall ge-
wahrt bleiben. Alles muß so sein, wie es gesellschaftlich vorgegeben ist. Keiner darf aus der Reihe tanzen.

Wer es tut, wird abgelehnt und totgeschwiegen. Ihre Welt sind geordnete Spießbürgerverhältnisse, da hält sie sich für führend und ist sehr dogmatisch.

Ihr Männerbild: Männer wollen nur das eine, nämlich beischlafen. Männer sind minderwertige Wesen, auch ihre Söhne. Gut sind Männer nur zum Geldverdienen, und da müssen sie spuren. Dafür müssen die Frauen sorgen. Genauso ist sie auch mit dem Vater meines Mannes umgegangen. Der allerdings zahlt ihr auf seine verkalkten Tage mit Nickeligkeiten heim, was sie ihm angetan hat – was uns alles sehr amüsiert. Er hatte nie etwas zu melden, er durfte nicht mal allein telefonieren. Es hieß auch nie »unser« Haus, sondern »mein« Haus, »mein« Garten, »mein« Grundstück ... Daß ich sie kennenlernte, ließ sich irgendwann nicht mehr vermeiden. Sie wußte lange nichts von mir. Erst, nachdem die erste Ehe meines Mannes offiziell auseinanderging. Sie hatte ihre erste Schwiegertochter, die ziemlich auf sie eingegangen war, sich untergeordnet hat, und die sich sehr darum bemüht hat, in Schwiegermutters Sinne auf meinen Mann einzuwirken, damit noch etwas Ordentliches aus ihm wird, sehr in ihr Herz geschlossen. So gab es großes Theater als diese Ehe zu scheitern drohte.

Und dann war ich schwanger. Da hat mein Mann mich – ich war im dritten Monat – mitgenommen. Von der Schwangerschaft haben wir aber nichts erzählt.

Ich war schockiert über diese Frau, die sich so übertrieben in den Vordergrund spielte, herumjuchzte, penetrant und laut den Ton angab und dabei gnadenlos durchblicken ließ, daß sie unser Verhältnis überhaupt nicht akzeptierte. Daß sie mich nicht akzeptierte und auch nicht daran dachte, das jemals zu tun.

Die erste Begebenheit danach fand ich gar nicht lustig. Mein Mann wurde zu einem Geburtstag eingeladen, und ich war inzwischen deutlich schwanger. Ich über-

legte, ob ich mitfahren sollte, holte mir mögliche An-
ziehsachen aus dem Schrank. Ich muß dazu sagen, ich
hatte nichts wirklich Schickes in der Schwangerschaft.
Eher praktische Kleidung. Ich zog mich also an, besah
mich im Spiegel und fand mich ganz passabel. Da sagte
mein Mann: »So nehme ich dich nicht mit!«

Ich bin heulend zu Hause geblieben, und als ich den
Tag über nachdachte, wurde mir klar, ich hätte ein Mo-
dellkleid anhaben können, dann hätte er ein anderes
Argument gefunden. Er scheute die Auseinandersetzung, daß ich sichtbar schwanger war. Dazu hätte er
sich ja äußern müssen. Das nehme ich ihm bis heute
übel, daß er nicht zu mir gestanden hat. Daß ihm seine
Mutter da wichtiger war – feige!

Unsere Tochter wurde geboren, jetzt hatten wir nicht
nur eine uneheliche Beziehung, sondern auch ein un-
eheliches Kind. Das war in ihren Augen der absolute
Gipfel. Sie hat sich überhaupt nicht für mein Kind interessiert, keine Notiz von ihm genommen. Kein Gruß zur
Geburt, geschweige denn ein Geschenk, und fortan
wurde bei Familienfeiern nicht nur lediglich mein
Mann eingeladen, sondern ich wurde mit meiner Tochter expressis verbis ausgeladen. Sie hätte mich ja sonst
als Geliebte ihres Sohnes mit ihrem unehelichen Kind
vorstellen müssen.

Sie hat mich fortan nicht nur zu ihren Familienfesten
ausgeladen, sondern auch zu allen anderen Feierlich-
keiten. Beispielsweise hat sie bei einer Hochzeit im
Familienkreis hier angerufen und gesagt, daß ich nicht
kommen solle. Mich hatten aber die Brautleute eingeladen, und zwar ausdrücklich. Die wußten nichts von
ihrem Anruf und fragten meinen Mann: »Wo ist denn
Andrea mit dem Kind?« Die fanden das höchst unverschämt und waren auch die ersten, die das meiner
Schwiegermutter klipp und klar gesagt haben.

Das nächste Mal hat eine Schwägerin meines Mannes, die das alles mitbekommen hatte, mich ausdrücklich eingeladen. Und sie hat ihr verboten, mich wieder auszuladen. Da war sie so beleidigt, daß sie wochenlang mit der Schwägerin kein Wort gesprochen hat.

Ich hätte von meinem Mann erwartet, daß er sich seine Mutter mal kauft und ihr sagt, die Verhältnisse haben sich geändert. Das mußt auch du akzeptieren. Wenn er es gemacht hat, dann, als ich nicht dabei war.

Den Gipfel erlaubte sie sich am Muttertag. Sie beschwerte sich bei mir, daß ich sie nicht angerufen und ihr nicht zum Muttertag gratuliert hätte. Wo sie mich doch permanent verleugnet und abgelehnt hatte. Da ging bei mir die Hutschnur hoch, und ich habe mich hingesetzt und ihr einen Brief geschrieben. Einen, den sie sich hinter den Spiegel stecken konnte. Ich habe ihr alles geschrieben, was mir gegen den Strich ging. Ich habe ihr geschrieben, wenn sie keinen Kontakt haben wolle, sei das in Ordnung. Aber dann erwartete ich auch, daß sie mich zufrieden ließe. Den Brief habe ich meinem Mann gezeigt, er fand ihn in Ordnung.

Mein Mann hat im Grunde ein sehr schlechtes und auch oppositionelles Verhältnis zu seiner Mutter. Er hat mir erzählt, so etwas wie Liebe hätte es für ihn als Kind nicht gegeben. Statt dessen hätte seine Mutter immer alles besser gewußt und gekonnt. Bis heute ist alles, was er macht, nicht gut genug. Daß er ein begnadeter und erfolgreicher Grafiker ist, hat sie bis heute nicht zur Kenntnis genommen. Sie sieht sich seine Werke an und fängt an, davon zu erzählen, wie gut sie malen und zeichnen kann. Und daß sie immer davon geträumt hätte, daß er ein begnadeter Jurist wird, statt so ein »Zeichenfuzzi«.

Mein Mann spielt immer weniger heile Welt und macht auch immer öfter Zoff zu Hause. Aber vieles hängt ihm eben bis heute an, und in manchen Dingen ist er nicht unabhängig von der Beurteilung seiner Mutter. Er hält den Kontakt auch seinem Vater zuliebe, an dem er sehr hängt. Er sagt auch:»Es ist eben meine Mutter. Es ist meine Familie.« Er fühlt sich trotz allem verbunden und auch verpflichtet. Aber immer, wenn wir hinfahren, fahren wir unzufrieden bis stinksauer wieder weg. Wir sagen uns jedesmal, wir sollten nicht mehr hinfahren, weil es nur Ärger bringt. Mit den Familienfeiern haben wir uns arrangiert, ich bleibe meist zu Hause und bin dann auch nicht sauer. Übrigens kam nach meinem Brief eine offizielle Einladung zu einer Feier. Für meine Tochter und mich. Auf der Feier hat sie uns offiziell vorgestellt. Und danach hat sich die Einladepraxis geändert.

In der Familie gibt es keinen, der sie wirklich liebt. Und der sie wirklich leiden kann. Weil sie alle terrorisiert und bevormundet. Das Problem mit uns ist für sie, daß mein Mann und ich uns nicht mehr terrorisieren lassen.

Sie versucht immer, vorzuschreiben, was zu geschehen hat. Sie bestimmt, wie alles abzulaufen hat. Bei der letzten Konfirmation gingen wir nach der Kirche in den Garten. Es war sehr heiß, und ihre Tochter sagte:»Ich decke jetzt nicht schon wieder den Tisch, alle sind noch satt. Ich baue ein Buffet auf, und wer will, nimmt sich.«

Meine Schwiegermutter war dagegen. Sie tat und machte und meckerte bis es so war, wie sie es haben wollte. Alle machten es mit, außer meinem Mann und mir. Ich schäme mich manchmal für sie und wie sie sich benimmt. Weil sie alle Leute nervt und es nicht merkt. Mein Mann hat ihr einmal Einhalt geboten, da quasselte sie wieder penetrant und unerträglich. Da hat er gesagt:»Wenn du nicht sofort deinen Mund hältst, ist diese Feier für dich zu Ende und du gehst.« Sie war tödlich beleidigt.

Ich finde es auch bitter für ein Kind, wenn man seiner eigenen Mutter so Einhalt gebieten muß. Sie erzählt beispielsweise jedem, der es hören und nicht hören will, was ihr Sohn geworden sei, habe er nur ihr zu verdanken. Wenn sie nicht gewesen wäre, wäre er noch nicht mal Grafiker. Sie hat ihre Auftritte, und alle Leute sind peinlich berührt.

Für meine Begriffe ist diese Frau schwerstens gestört. Sie hat auch eine Weile versucht, mich schlechtzumachen. Hat meinen Mann bestellt und ihm erzählt, daß seine erste Frau viel besser sei. Daß sie besser zu ihm paßte und überhaupt in allem die bessere Frau sei. Er solle sich von mir trennen und sich mit ihr aussöhnen. Sie hat immer versucht, zu vermitteln und hat beide auch mal – ohne daß mein Mann das wußte – zu sich bestellt, so daß er dann mit seiner Frau konfrontiert war. Da ist er aufgestanden und gegangen.

Trotzdem hat sie noch Zeitungsartikel ausgeschnitten und gesammelt, in denen Fälle von Paaren standen, die sich nach soundsoviel Jahren wieder versöhnt hatten. Die hat sie ihm geschickt mit der Aufforderung, er solle mich verlassen. Ich sei nicht die Richtige. Ich habe irgendwann gesagt, es reicht mir. Ich möchte den Kontakt nicht haben, weil es nur Nervkram ist, und ich habe mich aus der Beziehung ausgeklinkt.

Was mich endgültig zu diesem Schritt gebracht hat: Sie hat für alle Enkelkinder Sparverträge abgeschlossen. Auf den Namen der Kinder. Nun wollte sie das Geld flüssigmachen und aufteilen und brauchte die Unterschrift eines Erziehungsberechtigten. Mein Mann sollte für seine beiden Kinder aus erster Ehe eine Unterschrift leisten. Sie erzählte ihm, sie teile das Geld neu auf.

Mein Mann fragte arglos, warum sie keine Unterschrift für unsere Tochter brauche. Da bekam er zur Antwort, sie habe für alle Kinder Geld angelegt, nur für unsere

Tochter nicht. Weil ich doch schließlich genug Geld verdiente. Ich könnte ja selbst für meine Tochter sparen.

Da ist mir der Kragen geplatzt. Es geht mir nicht ums Geld, sondern ums Prinzip und um die Gleichbehandlung. Mein Mann hat spontan gesagt, dann verweigere er alle Unterschriften. Im Zorn ist er gegangen und hat es mir erst eine ganze Weile später erzählt. Wohlwissend, wie sauer ich auf so was reagieren würde.

Es gab dann Zeiten, da wurde ich von den Familienmitgliedern aufgefordert, vertrag dich doch mit ihr. Die meisten gehen den einfachen Weg. Ich bin die erste, die das nicht macht. Ich bin die Renitente, ich habe mir nichts sagen lassen. Ich war immer selbstbewußt, im Gegensatz zu meiner Vorgängerin. Ich habe mich dem Einfluß meiner Schwiegermutter völlig entzogen.

Sie hatte beschlossen, wir sollten endlich heiraten. Da habe ich ihr klipp und klar gesagt, wir dächten gar nicht daran. Weder der eine noch der andere würde heiraten wollen.

Ich habe mich auch dem Chor ihrer »Bewunderer« entzogen. Dieser Anpasser mit ihrem: »Nein, wie bist du schick«, »Nein, was kannst du lecker kochen«. Diese Nummer fand ich völlig unnötig. Ich habe standhaft geschwiegen. Sie knallt einem nämlich lieblos das Essen auf den Tisch, und ihr Geschmack ist auch nicht erlesen. Aber es mußte immer von allen Seiten Beifall regnen. Ich habe mich mit jeglichem Lob zurückgehalten. Aber eben nicht aus Trotz, sondern um mein Rückgrat zu halten. Wäre ich in das Geschrei mit eingefallen, hätte ich lügen müssen.

Wenn sie von oben einen Laufstall holte, auf den umzäunten Rasen stellte und mein Kind reinsetzte, bin ich sauer geworden. Habe klipp und klar gesagt, dieser Laufstall kommt weg. Sie hörte einfach weg, machte weiter, machte mein Kind nervös, bis es hibbelig wurde. Da habe ich laut und wütend gesagt: »Verdammt noch mal, du läßt jetzt mein Kind in Ruhe!« Und habe den Käfig an die Seite geräumt. Solche Töne war sie nicht gewohnt. Sie war sterbensbeleidigt und verkroch sich.

Die andere Schwiegertochter und ihr zweiter Sohn versuchten oft, sie zu entschuldigen. Sie sagten: »Mutter hat sich schon sehr geändert, das ist ja früher alles viel schlimmer gewesen. So ist sie längst nicht mehr. Wenn wir ihr etwas sagen, dann geht es auch.« Man muß wissen, das sind Leute, die von Mutter immense Vorteile haben. Mutter hat immer Geld rausgerückt. Ein Sohn hat ein Grundstück bekommen. Die Tochter Geld. Nur mein Mann hat noch nie etwas bekommen. Vor kurzem ist er sogar enterbt worden.

Mein Mann hat es deshalb so weit gebracht, weil er seiner Mutter nie etwas gut genug gemacht hat. Er mußte immer Leistung erbringen und war doch nie anerkannt. Er hat das Leistungsprinzip voll verinnerlicht. Mein Mann ist auch heute noch ein Arbeitstier. Die Arbeit ist für ihn wie ein Zwang.

Ich nehme ihr auch übel, daß er in manchen Bereichen große Defizite hat. Zum Beispiel bei der kleinsten Kritik an irgend etwas reagiert er völlig über. Das liegt daran, daß er nie etwas gut genug gemacht hat.

Es passiert, daß mein Mann einkaufen geht und mit ziemlich viel Plunder nach Hause kommt. Dann frage ich: »Was hast du denn wieder alles zusammengekauft?« Schon ist Holland in Not. Ich kritisiere ihn nie. Auch nicht, wenn es berechtigt ist. Dann kommt sofort: »Ich mache dir nie etwas gut genug.« Ich weiß aber, damit meint er eigentlich seine Mutter, nicht mich. Das ist ein großes Defizit und ganz schön schwierig für mich.

Wir hatten auch mal eine Auseinandersetzung, weil ich fand, er kümmere sich nicht genug um seine Tochter. Und mache nicht genug mit uns, seiner Familie. Auch da kann er keine Kritik vertragen. Das geht bei ihm ans Eingemachte wie: »Du hast mich nicht mehr lieb, weil du mich so kritisierst.« Da muß er noch viel lernen. Ich bin nicht seine Mutter, und ich habe durchaus das Recht, meine Dinge anzubringen, ohne daß er das jetzt immer übertragen müßte.

Er ist geprägt dadurch, daß er immer einen auf den Deckel bekommen hat. Er ist extrem zurückhaltend, traut sich nicht,. Kontakte zu anderen Menschen zu suchen oder auch nur ein Fitzchen von sich preiszugeben. Aus Angst, die könnten ihn blöd finden oder das, was er sagt. Das ist oft schwierig. Er kann auch keine Freundschaften aufbauen und sich offenbaren. Er würde nie erzählen, wie er sich fühlt. Das hat sich Gott sei Dank bei mir geändert. Es liegt daran, weil ihm seine Mutter immer über den Mund gefahren ist. Es war immer alles Quatsch oder nicht gut genug.

Wer ihn kennt, sieht, daß er Minderwertigkeitskomplexe hat. Er ist halt mit allem behaftet, was ein ungeliebtes Kind so entwickelt. Und das nehme ich ihr natürlich übel. Mein Mann sagt, er kann sich an Liebe oder Zärtlichkeiten überhaupt nicht erinnern. Sie hat unruhige, enge, kalte, durchbohrende Augen. Als ich ihre Augen gesehen hatte, war mir klar, was das für ein Mensch ist.

Selbst wenn wir beide diese Beziehung zur Mutter beenden würden, wird mein Mann da nie ganz rauskommen. Er wird bestimmte Abhängigkeiten nie völlig ablegen können. Dadurch bin ich immer unmittelbar betroffen. Mein Mann ist dabei vieles aufzuarbeiten. Hart für ihn. Ich habe mitbekommen, wie er in der Loslösungsphase von seiner Mutter unbewußt auf ihr Verständnis gehofft hat. Und daß er aus ihrer Verweigerung doch wieder gelernt hat, daß ihm nichts bleibt, als sich abzunabeln. Es ist schwer für ihn, daß ihre Liebe ihm versagt bleibt.

Er hat auch immer gehofft, daß sie mich gut findet. Er hat oft versucht, für mich und unsere Situation zu werben. Aber sie hat ihm jede Anerkennung versagt, und er muß sich damit abfinden, daß er die nie bekommen wird. Er bekommt ihren Segen in diesem Leben nicht. Hart. Mütter sind ganz schön mächtig.

Die Intrigantin

Äußerste Vorsicht ist angeraten in der Beziehung zu einer intriganten Schwiegermutter. Sie ist mit das Gemeinste, was einer Schwiegertochter passieren kann, weil dieser Schwiegermutter-Typus klammheimlich Front macht und mit Konfrontation aus dem Hinterhalt operiert. Sie nutzt jede »passende Gelegenheit«, um das Verhältnis zwischen ihrem Sohn und der verhaßten Schwiegertochter zu torpedieren. Wann immer möglich, macht sie die Partnerin vor ihrem Sohn schlecht. Wohl keine Schwiegertochter wird es ihr jemals recht machen können. Ihrer Schwiegertochter gibt sie so wenig Anlässe wie nur irgend möglich, sich direkt zur Wehr zu setzen. »Wenn sie das clever vorträgt«, weiß auch der Psychologe Johnen, »ist das für die Beteiligten extrem schwer zu durchschauen.« Die Folge kann sein: Der Sohn wird in seiner eigenen Meinung über seine Frau verunsichert. Nicht selten kommt es vor, daß es der Schwiegermutter gelingt, ihren Sohn auf ihre Seite zu ziehen. Hinter den tückischen Anspielungen und Tricks der Schwiegermutter steckt fast immer eine extreme und oft unbewußte Angst, den Sohn zu verlieren. Folglich sind ihr so ziemlich alle Mittel recht, die die Harmonie zwischen dem Paar stören können.

Ein schwacher Trost: In der Regel ist sich die intrigante Schwiegermutter ihrer destruktiven Hintertreibungen nicht klar bewußt. Selten handelt sie vorsätzlich bösartig, etwa weil sie ihre Schwiegertochter für die unangemessene Partnerin für ihren Sohn hält oder weil sie sie einfach nicht ausstehen kann. Es geht ihr weder um berechtigte Kritik und schon gar nicht um die »falsche Frau« für ihn. Sie drängt noch nicht einmal unbedingt auf eine Trennung – es würde ja doch nur die nächste Partnerin folgen, auf die sie sich dann neu »einschießen« müßte. Sie kann es nur nicht ertragen, daß ihr Sohn mit einer anderen Frau glücklicher sein könnte, als er es in ihren Phantasien mit ihr ist. Deshalb spinnt sie Fäden, sät Mißtrauen und setzt gezielt Stacheln, von denen sie sicher sein kann, daß sie ihren Sohn zutiefst verunsichern.

- Ist die Partnerin ihres Sohnes berufstätig, moniert sie die mangelnde Fürsorge für Haushalt, Mann und Kinder (»Fällt dir eigentlich gar nicht auf, daß sie sich mehr um ihre eigene Karriere als um eure Ehe kümmert? Erst neulich hat sie mir mit leuchtenden Augen davon erzählt, wie blendend sie sich mit einem Kollegen versteht.« »Merkst du gar nicht, wie verstört, häufig krank, frech ... deine Kinder sind?« »Wieso hat die eigentlich noch Kinder in die Welt gesetzt, die verwahrlosen ja völlig!«)

- Führt ihre Schwiegertochter »nur« den Haushalt, stichelt sie gern, daß »sie schon morgens in der Badewanne liegt, täglich Fuß- und Fingernägel lackiert und dein Lieblings-T-Shirt und eure Socken lieber in den Mülleimer schmeißt, weil sie keine Lust hat, ein paar Knöpfe anzunähen oder mal ein Löchlein zu stopfen« oder »sie dein ganzes Geld zum Fenster rausschmeißt, und würde die mal etwas sparsamer sein, hättet ihr längst euer Haus, aber gegen ihre Verschwendungssucht kannst du ja gar nicht anverdienen« oder daß »die Kinder immer schlechter in der Schule werden, weil sie ihnen mit ihrer inkonsequenten Haltung bei der Erziehung keine Grenzen setzt«.

- Falls es ihr gerade taktisch günstig erscheint, wechselt sie auch schon mal die Seiten und spielt der Schwiegertochter intime Informationen über ihren Sohn zu (»Sag ihm nichts davon, daber ich mache mir Sorgen, weil er in letzter Zeit immer seine Zähne so fest zusammenbeißt. Du mußt drauf achten, sein Mund ist nur noch ein Strich im Gesicht. Das kenne ich bei ihm nur, wenn er gefühlsmäßig schrecklich in der Klemme steckt«).

Die intrigante Schwiegermutter setzt grundsätzlich darauf, daß sich Söhne zwar von ihren Partnerinnen, aber niemals von ihrer Mutter scheiden lassen. Selbst wenn sich das irgendwann als Trugschluß herausstellen könnte, raten erfahrene Psychologen: Es ergibt wenig Sinn, sich auf Psychospiele einzulassen! Dazu kommt, daß sich der Mann an die Sticheleien seiner Mutter gewöhnt hat. Insofern fällt ihm gar nicht besonders auf, was da eigentlich gespielt wird, und er tut das Ganze als Marotte ab. Lieber würde er seine Partnerin für überempfindlich halten, als zu realisieren, daß seine Mutter aus Eifersucht ein böses Spiel treibt.

Was tun? Mitunter hilft ein offenes Gespräch zwischen Schwiegertochter und -mutter. Entscheidender aber ist, daß der Mann unempfänglich für die Intrigen seiner Mutter wird, also sollte sie das klärende Gespräch besser mit ihm führen. Gegenüber der intriganten Schwiegermutter bleibt nur, ihr keinen Stoff mehr für Spekulationen zu geben, ihr den Informationshahn abzudrehen. Ihr nur noch das Nötigste zu erzählen, sie vor vollendete Tatsachen zu stellen. Und da muß der Partner natürlich mitziehen. Das mag seine Mutter nicht davon abhalten, Gerüchte zu streuen, aber zumindest können sie dann weniger Unheil anrichten.

Bärbel, 41, Kunsthistorikerin, geschieden, zwei Kinder
»Meine Schwiegermutter zog hinter meinem Rücken über mich her«

Bevor ich sie kennenlernte, hatte ich ein Bild von ihr: geschieden, berufstätig, hat ihr Kind allein durchgebracht, eine gestandene Frau, eine, die mit beiden Beinen im Leben steht. Mit ein paar Haaren auf den Zähnen.

Mein Mann hatte seine Mutter als sehr schwierig beschrieben. Er hat Dinge an ihr geschildert, die ich kaum glauben konnte. Ich konnte mir einfach nicht vorstellen, wie negativ sie ist. Daß sie alles klein- und runtermacht. Er hat sogar mal gesagt, sie sei eine Intrigantin.

Ich dagegen sehe mich als positiven Menschen, unbefangen und ohne böse Hintergedanken. Argwohn ist mir fremd. Ich komme mit meinem Leben ganz gut klar und habe anfangs immer gedacht, so schlimm kann sie ja wohl nicht sein. Das liegt vielleicht auch an ihm.

Dann lernte ich sie kennen, und sie war ganz das Gegenteil von meinem Bild. Eine bieder, adrett gekleidete Frau mit Dauerwelle kam mir entgegen. Unsicher, zikkig. Sie war Lehrerin an einer Waldorfschule.

Mein Mann und sie – schon das hätte mich stutzig machen müssen – keiften sich unentwegt in einer ganz häßlichen Art und Weise an. Ich dachte, mein Gott, die haben sich jetzt wochenlang nicht gesehen, wieso schnauzen die sich so an? Was haben die für einen Umgangston? Kein einziges nettes Wort, unentwegt Gemecker: »Wie siehst du überhaupt aus? Was hast du denn für eine Krawatte um? Die Farbe paßt ja gar nicht zur Hose. Du mußt mal wieder zum Friseur. Man muß sich ja schämen.« So ging das pausenlos.

Zu mir war sie höflich distanziert. Aber in ihrer Art kam bereits rüber, wieso muß mein Junge sich ausgerechnet eine Geschiedene mit Kind ans Bein binden? Ich hatte nämlich bereits eine Ehe hinter mir und machte auch keinen Hehl daraus. Äußerlich war ich wohl ihre Richtung, von meiner Schulbildung her auch − ich bin Kunsthistorikerin −, aber Geschiedene mit Kind paßte ihr nicht. Obwohl sie doch selber eine ist.

Ich war aber selbstbewußt genug, mich durch ihre versteckten Vorbehalte nicht verunsichern zu lassen. Weihnachten kam sie mich das erste Mal in meiner Wohnung besuchen. Mein Mann war im Oktober bei mir eingezogen. Und kaum hatte sie sich angekündigt, ging zwischen meinem Mann und mir der erste Knatsch los. Wenige Tage bevor sie kam, fing mein Mann an zu nörgeln. Plötzlich sah dies nicht aus, das paßte nicht, der Tannenbaum − es mußte eine Edeltanne sein − mußte unbedingt in einen Holzkübel. Die elektrischen Kerzen fand er kitschig, und und und ... Und ich wunderte mich, daß er auf einmal so kleinlich und pingelig wurde. Das war verbunden mit einer Genervtheit, die ich gar nicht an ihm kannte.

Dann die Sucherei nach einem Weihnachtsgeschenk für seine Mutter. Nichts war gut genug, weil sie ja so hohe Ansprüche hatte. Schon damals hätte ich sagen müssen, das ist meine Wohnung, du bist hier nur eingezogen. Ich mache Weihnachten immer so, und zwar für mein Kind. Deine Mutter ist hier nur Gast.

Heute sage ich, wenn wenigstens die Ehrlichkeit dage-
wesen wäre, daß er gesagt hätte, meine Mutter stellt
die und die Forderungen, und ich kann mich dem
schwer entziehen. Ich habe das Gefühl, ich muß das
leisten, ich muß ihr einen bestimmten Tannenbaum
präsentieren. Dann wäre ich die Letzte gewesen, die
gesagt hätte, das kommt nicht in Frage.
Statt dessen tat er so, als lege er selbst plötzlich ach so
großen Wert auf bestimmte Dinge. Obwohl ich wußte,
er legte überhaupt keinen Wert drauf. Anstatt mir zu
sagen, du tätest mir einen Gefallen, das so und so zu
machen, weil meine Mutter da so sehr drauf achtet,
machte er diese Sachen zu seinen Dingern. Übrigens
solange wir verheiratet waren.
Ich habe mich anfangs trotzdem bemüht, alles recht zu
machen, statt gleich Stop zu sagen. Ich habe gedacht,
eine Ehe ist mir schon in die Brüche gegangen, bei diesem Mann gibst du dir jetzt richtig Mühe. Ich habe viel
reingebuttert in diese Beziehung. Auch meine Eltern
setzten mich unter Druck.
Irgendwie war unausgesprochen klar, es liegt an mir,
wie die nächste Beziehung wird. Mein Mann verwan-
delte sich aber mit der Zeit, und ich kam erst nach und
nach dahinter, daß dieser starke Einfluß von seiner
Mutter dahintersteckte.
Meine Schwiegermutter hatte einen richtigen Standes-
dünkel und war sehr stolz darauf, daß sie sich Lehrerin
nennen konnte. Nichts war ihr gut genug. Ihr Mann,
von dem sie sich hatte scheiden lassen, war Schreiner-
meister und eigentlich nicht »ihre Ebene«. »Zu primi-
tiv«, »ohne Niveau«, wie sie mal sagte. Sie mußte ihn
damals heiraten, weil mein Mann unterwegs war. In die
Waldorfrichtung ist sie durch ihre Scheidung gerutscht.
Es herrschte Lehrermangel. Das war die Zeit, wo fast
jeder genommen wurde. Sie konnte die Qualifikation

über eine Zusatzausbildung erreichen. Ich fragte mich oft, wie so eine Frau mit einem Haufen Kinder klarkam. Sie war sehr schnell beleidigt und ziemlich unsicher. Das merken Kinder doch sofort.

Ich bekam auch bald mit, daß sie unentwegt nörgelte und ständig auch an mir etwas auszusetzen hatte. Mein Mann kam mal von einem Besuch zurück und erzählte, sie habe nur über mich gemeckert, zum Beispiel darüber, daß er mit einer kaputten Ledertasche unterwegs war. »Die kümmert sich wohl nicht um deine Sachen«, hat sie gesagt. Da dachte ich, was soll das? Der ist doch alt genug, zum Schuster zu gehen und seine Tasche nähen zu lassen. Aber ich war viel zu gutmütig und habe nichts weiter gesagt. Ich habe mir sogar den Schuh angezogen und die Tasche zum Schuster gebracht.

Trotz der ersten Dissonanzen habe ich ein herzliches Verhältnis zu ihr gesucht und war gewillt, auf ihre Marotten einzugehen. Da wußte ich noch nicht, daß sie hinter meinem Rücken über mich herzog, wo sie konnte. Über bestimmte fiese Bemerkungen bin ich zunächst hinweggegangen und habe so getan, als hätte ich die nicht gehört. Anfangs war ich gutgläubig und vertrauensselig. Wenn sie uns besuchte, manchmal für zwei, drei Wochen, vertraute ich ihr sogar verschiedene Dinge über mich an. Weil ich dachte, unser Verhältnis würde dadurch gelöster. Ich habe ihr aus meinem Leben erzählt, von Kindheit, von Schule, von meinen Eltern, meiner ersten Ehe und erst später erfuhr ich, daß sie diese Dinge dann gegen mich verwandt hat.

So ist sie zu meinen Eltern gegangen und ist über meine Tochter hergefallen. Die sei ja überhaupt nicht erzogen, die könne ja nicht mal ordentlich essen und dies und das und jenes. Meine Eltern waren entsetzt und brüskiert. Trotzdem trauten sie sich nicht, sich dagegen zu verwahren. Meine Eltern sind einfache Leute, und meine Mutter hatte nicht den Mut, einer Lehrerin zu sagen, weißt du was, so was möchte ich aus deinem Mund nicht hören. Meine Eltern haben ihr nie Einhalt geboten. Statt dessen haben sie sich dann wieder bei mir beschwert.

Durch dieses Umgehen meiner Eltern mit Konflikten habe ich natürlich nie gelernt, mich zu wehren. Ich kann auch sehr schlecht mit Konflikten umgehen. Meine Schwiegermutter habe ich nie zur Rede gestellt. Ich bin einfach nicht der Typ für so was, ich habe Angst vor Auseinandersetzungen. Ich werde dann unsicher, bekomme Herzrasen und fange an zu zittern. Ich habe mir das so zurechtgelegt: Wenn ich mich jetzt mit ihr zanke, muß ich mich ja auch wieder mit ihr vertragen. Dazu hatte ich keine Lust.

Ich bekam noch ein Mädchen mit meinem Mann. Meine Jüngste stellte sich als viel schwieriger heraus, als die Tochter meines ersten Mannes. Auch von der Intelligenz her ist sie ganz anders gelagert. Meine erste Tochter ist ein Überflieger und hübscher als die Kleine. Interessant für mich war, wie nun meine Schwiegermutter – die ja mit Vorliebe mein erstes Kind kritisierte – damit umging. An ihrer leiblichen Enkelin hätte sie eigentlich kein gutes Haar lassen dürfen. Meine Kleinste ist manchmal wirklich extrem schwierig in ihrer Art. Die kommt sehr auf meinen Mann raus. Die macht einen richtigen Terror, wenn sie etwas nicht will. Aber siehe da, es war ja nun die Tochter ihres Sohnes. Da hat sich wohl alles etwas relativiert. Plötzlich war alles gar nicht so schlimm, und »so sind Kinder nun mal«. Sie hat sich plötzlich sehr zurückgehalten.

Ärger machte meine Schwiegermutter dennoch weiter, am laufenden Band. Ich hatte beispielsweise immer Berge Wäsche mit zwei Kindern, und von Zeit zu Zeit stellte sie sich hin und sortierte und bügelte tatsächlich meine Wäsche. Aber bei der Gelegenheit ging sie dann hin, räumte meine Schränke auf und erzählte hinterher, sie hätte bei mir mal richtig Ordnung schaffen müssen. Sie hat auch meine Schubladen mit meiner Wäsche aufgeräumt, und das ist etwas, was ich überhaupt nicht haben kann. Aber auch da habe ich mich nicht gewehrt.

Ich habe nie Grenzen gesetzt. Ich habe ein einziges Mal gesagt, du, meine Ordnung gefällt dir wohl nicht? Danach hat sie meine Sachen demonstrativ nicht mehr mit aufgeräumt, die ließ sie dann liegen. Was mir recht war.

Die Bügelei legte sie immer so, daß sie da war, wenn mein Mann nach Hause kam. Um zu stöhnen, stell dir bloß vor, ich habe heute wieder drei Stunden bügeln müssen. Nach dem Motto, wenn ich hier nicht ab und zu bügeln würde, wie würdet ihr dann rumlaufen?

Das einzige Mal, wo ich mich mal richtig mit ihr gezankt habe, war, als sie Hemden mit nach Hause genommen hatte. Ich habe sie übrigens nie gebeten, die Hemden zu bügeln, das hat sie immer freiwillig getan. Ich komme also eines Abends mit dem Auto nach Hause, sie wollte gerade zu uns rüber. Sie steht an der Ampel und hat drei Hemden von meinem Mann auf dem Bügel in der Hand. Auf der öffentlichen Straße. Und da fiel mir der Groschen, daß sie damit für jeden aus ihrem und meinem Haus demonstrierte, sie bügelt für uns die Hemden. Da ist mir der Kragen geplatzt. Die Frau, die so vornehm ist, die solch einen Dünkel hat, rennt mit drei Hemden über die Straße. Da habe ich zu ihr gesagt, das war das allerletzte Mal, daß du Hemden mitgenommen hast, ich habe das nicht nötig, mich bloßstellen zu lassen.

Sie wurde richtig kleinlaut. Sagte nur, die würden in

der Tüte wieder knitterig. Sie war ein kleines bißchen beleidigt, ist aber komischerweise nicht gegangen. An dem Punkt habe ich gedacht, du hättest ihr schon viel eher Kontra geben müssen. Du hättest ihr schon längst mal einen Riegel vorschieben müssen.

Ich war zu lange gutmütig. Ich habe sie ja auch noch zu uns nach Hannover geholt. Sie wohnte nämlich in Süddeutschland, hatte dort aber wenig Kontakt. Sie war richtig kontaktarm. Und da habe ich gesagt, soll sie doch zu uns nach Hannover ziehen. Dann hat sie ihre Familie, hier kann man sich ein bißchen um sie kümmern. Ich bin auch noch losgerannt und habe eine standesgemäße Wohnung für sie gesucht. Ihrem Dünkel entsprechend. Ich habe mir regelrecht die Hacken abgerannt. Es waren schwierige Zeiten für Wohnungen, und ich fand eine für meinen Geschmack sehr schöne Wohnung in einem Haus, wo nur Lehrer, Rechtsanwälte, Ärzte wohnten. Also genau angemessen. Eines habe ich damals nicht beachtet. Daß diese Wohnung nur Außenwände hat, also schlecht zu beheizen ist. Heute kriege ich bei jeder Abrechnung ihre hohen Heizungskosten aufs Butterbrot geschmiert, als hätte ich ihr diese Wohnung aufs Auge gedrückt. Als ob sie nicht hätte entscheiden dürfen. Sie äußert sich immer nach dem Motto, was ich ihr für eine Wohnung angetan hätte. Macht aber auch keine Anstalten, sich eine bessere zu suchen. Jetzt tut sie so, als hätte ich sie bis an ihr Lebensende dazu verdonnert, in dieser Wohnung zu bleiben.

Als sie umgezogen war, habe ich ihr angeboten, du wohnst ja jetzt nur fünf Minuten von uns, hol doch mittags Sabrina vom Kindergarten ab, bring sie mit, und dann können wir gemeinsam Mittag essen. Bei uns wird sowieso gekocht, du kochst für dich allein ja nicht. Aber auch da war sie wieder viel zu kompliziert. Sie kam nur auf ausdrückliche Einladung. Wenn sie nicht offiziell eingeladen war, kam sie nicht. Jeden Tag mußte ich durchbimmeln und fragen, du kommst doch? Dann war ihr das Essen nicht gut genug. Ich habe auch gesagt, du kannst generell samstags und sonntags kommen, ich koche sowieso für eine große Familie, da kannst du gerne mitessen. Trotzdem mußte ihr Sohn samstagsmorgens anrufen und fragen, möchtest du kommen? Dann hat sie immer erst gefragt, was gibt es denn? Wenn wir gesagt haben, das und das, sagte sie, ich überleg' es mir noch. Man bekam keine klare Antwort. Und das Schönste, es war immer klar, daß sie kam. Aber sie forderte immer eine Extrawurst. Einmal habe ich gesagt, brauchst du 'ne schriftliche Einladung? Da war sie beleidigt.

Ich habe mich auch sehr bemüht, ihr in Hannover Kontakte zu vermitteln. Sie wollte so gerne in den Gemeindechor, sie hat mir ja oft vorgeworfen, wäre ich doch mal in Süddeutschland geblieben, da hatte ich meinen Bekanntenkreis und meine Chorgemeinschaft. Was nicht stimmte. Eine Bekannte meiner Eltern nahm sie mal mit zum Wandern, mal mit zum Kirchenkreis. Eines Tages traf ich diese Bekannte, und sie sagte plötzlich, sie wolle meine Schwiegermutter nicht mehr sehen. Es habe sie so abgeschreckt, daß meine Schwiegermutter jedesmal, wenn sie sich getroffen haben, über mich hergezogen hätte. Über meine erste Tochter und über mich und was alles schiefläuft, mein Haushalt, chaotisch, keine Ordnung und kein System. Da war ich bedient. Von da an habe ich mich nicht mehr um sie bemüht.

Ich entdeckte nun immer mehr Defizite an meinem Mann, die er von ihr hatte. Ich war von uns zu Hause gewohnt, daß man, wenn man nach Hause kommt, Dinge erzählt. Das kann zwei oder fünf oder 50 Minuten dauern. Was man so erlebt hat. Und das ist etwas, was ich mit meinem Mann nie konnte. Der kam nach Hause und sagte nichts. Wenn ich sagte, erzähl doch mal, hast du denn heute gar nichts erlebt? Da kam dann, du mußt schon konkrete Fragen stellen. Dann kann ich dir auch was sagen. Dann habe ich immer gesagt, wie kann ich dir konkrete Fragen stellen? Ich weiß doch gar nicht, was du erlebt hast. Ich habe ihn darauf angesprochen, wieso er nie was erzählt, und da hat er gesagt, er kennt das nicht. Es hätte doch niemanden interessiert. Das hat er verinnerlicht: Was ich erzähle, interessiert andere sowieso nicht. Das war etwas, wo ich den starken Einfluß seiner Mutter spüren konnte. Er versuchte unbewußt, ihr ein bestimmtes Bild von uns zu vermitteln. Fühlte sich ihr immer verpflichtet, wenn sie bei uns war. Machte Programm. Wenn wir allein waren, legte er sich liebend gern abends auf die Couch und sah fern. Wenn seine Mutter da war, traute er sich nicht. Das paßte nicht ins Anthroposophenbild. Bis ich mal gesagt habe, hier ist doch dein Zuhause. Wenn ihr der Fernseher bei uns nicht gefällt, muß sie eben ins Gästezimmer gehen und ein Buch lesen. Oder sonstwas machen. Aber er hatte solch eine Angst, daß er nicht in ihre Vorstellungen paßte. Interessant war dabei, wenn die Flimmerkiste doch lief, saß sie mit davor. Und zwar gerne, ohne Kritik und Murren. Sie ist ja auch so dumm, daß sie ständig sagt, sie sieht nie fern. Aber wenn ich fragte, hast du den Film gesehen? Wie fand'st du den? Konnte sie sich immer äußern. Sie war meines Erachtens nie eine überzeugte Anthroposophin. Nur eine Halbherzige. Hat sich Dinge auferlegt, die sie eigentlich innerlich gar nicht wollte. Und ihr Kind mußte das auch.

Mein Mann hat beispielsweise jeden Morgen Müsli gegessen und hat jeden Morgen gesagt, ich mag das Zeug überhaupt nicht. Ich fragte dann immer, warum ißt du denn morgens Müsli, wenn du das nicht magst? Du bist doch ein freier Mensch. Dann sagte er, das ist doch gesund. Er hat sich Dinge auferlegt, durch die er innerlich schon aggressiv und wütend wurde, weil sie ihm überhaupt keinen Spaß gebracht haben. Weil sie gegen sein Bedürfnis waren. Das belastet eine Beziehung auch.

Sobald er abends nach der Arbeit nach Hause kam, fing er beispielsweise an, mit den Kindern zu spielen. Aber immer gereizt und mürrisch. Er tat es mit einer innerlichen Wut. Ich habe ihm gesagt, wenn du abends nach Hause kommst und bist sowieso wütend oder verärgert, dann mach dir doch mal Luft und laß es raus. Ich kann mir das doch gut anhören. Oder wenn du mir nichts sagen willst, dann jogge ein paar Runden, schwing dich aufs Fahrrad und tu etwas für dich, was auch immer, damit du mit einem guten Gefühl nach Hause kommst. Nein, er eilte nach Hause, um lustlos mit den Kindern zu spielen. Weil ein guter Vater das tun muß. So'n Quatsch. Und er hat es nie begriffen.

Wir sind inzwischen geschieden. Seitdem kommt meine Schwiegermutter nicht mehr und würdigt mich auch auf der Straße keines Blickes. Diese Frau hatte einfach keinen Respekt vor mir. Und mein Mann auch nicht. Anfangs hat er mir noch wiedererzählt, was sie über mich gesagt hat. Ich hatte das Gefühl, er ist mein Verbündeter. Er sagte oft, siehst du, wie sie ist? Später übernahm er ihre Kritik. Ich bin sicher, wenn man sie heute fragt, wieso die Ehe in die Brüche ging, werden beide sagen, es sei meine Schuld.

Die Distanzierte

Ganz anders als die intrigante verhält sich die distanzierte Schwiegermutter. Sie tut äußerlich so, als sei ihre
Schwiegertochter jemand, den sie zu akzeptieren hat.
Mehr nicht. Dabei ist sie nicht richtig freundlich, aber
auch nicht richtig unfreundlich. Wenn sie anruft, verlangt sie nach ein paar Höflichkeitsfloskeln gleich ihren
Sohn. Ist sie zu Besuch, erkundigt sie sich nach seinen
beruflichen Sorgen, erzählt von seiner Jugend und fragt
nach seiner Karriere. Was seine Frau macht, scheint sie
nur notgedrungen zur Kenntnis zu nehmen.
Was wie grundlegende Ablehnung aussieht, ist oft nur
harmlose Fremdelei. Weil die Distanzierte es nicht gewohnt ist, aus dem Stegreif warm zu werden, mit einem
vor kurzem noch wildfremden Menschen, zeigt sie sich
erst mal desinteressiert und abweisend. Das neue Dreiecksverhältnis verwirrt sie, sie sucht nach ihrer Position
in der ungewohnten Konstellation. Deshalb sollte die
Schwiegertochter nicht in Panik verfallen, sondern die
Entwicklung gelassen und in Ruhe abwarten. Denn
hinter der coolen Fassade der reservierten Schwiegermutter steckt manchmal nur Unsicherheit. Sie braucht
Zeit, um sich auf die neue Partnerin ihres Sohnes einzustellen. Niemand sollte von ihr erwarten, daß sie einer
Fremden ad hoc volles Vertauen entgegenbringt. Tatsächlich treffen ja zwei Frauen aufeinander, die erst
einmal nur eines gemeinsam haben: Sie lieben densel-
ben Mann. Je offener die Schwiegertochter bleibt und
von sich erzählt, desto eher taut auch die Distanzierte
auf.
Allerdings dreht sich das Interesse der Schwiegermutter mitunter auch so sehr um ihren eigenen Nabel, daß
pure Fremdelei als Erklärung für ihre kühle Distanz
nicht ausreicht. Ein warmer Kontakt ist dann trotz aller

Bemühungen nur schwer oder gar nicht möglich. Und noch eine Erklärung für die Zurückhaltung ist denkbar: schlichte Antipathie. Schließlich kann sich auch diese Sohnesmutter nicht aussuchen, mit wem ihr Sohn zusammenlebt.

Die Schwiegertochter sollte deshalb versuchen herauszufinden, was hinter der Distanz steckt. Sie kann ihren Partner fragen, mit viel Mut auch die Schwiegermutter selbst. Allerdings sollte sie dafür eine der aufgetauteren Stimmungen wählen. So ist die Chance am größten, daß kränkende Mißverständnisse vermieden werden und das Verhältnis womöglich endgültig vereist.

In jedem Falle ist das Maß aller Bemühungen der Schwiegertochter um ein vertrauteres Verhältnis ihr eigener Antrieb: Wer ein vitales Interesse an harmonischen Familienbanden hat, wird auch einiges zu investieren bereit sein. Wem dagegen die Zweisamkeit völlig genügt, sollte auch nicht aus Höflichkeit die distanzierte Schwiegermutter zur engen Vertrauten machen wollen.

Maja, 28, Arzhelferin, verheiratet, ein Kind
»Sie behandelte mich, als sei ich nur eine dumme Göre«

Ich bin sofort auf totale Ablehnung gestoßen. Meine Schwiegermutter – eine Ex-Schönheitskönigin – interessierte sich in erster Linie für sich. Mich beachtete sie nur gezwungenermaßen und gab mir von Anfang an das Gefühl, daß sie mich nicht ernst nimmt. Und keine Konkurrenz neben sich duldet.

Mein Mann hatte ihr schon öfter Freundinnen vorgestellt. Früher hat er die Frauen allerdings oft gewechselt, er hatte einen ganz schönen Verschleiß. Das war seiner Mutter offensichtlich recht. So hatte sie nie eine ernstzunehmende »Gegnerin« zu verkraften. Sie mußte sich nie ernsthaft mit dem Thema Schwiegertochter auseinandersetzen.

Der Kontakt von meinem Mann zu seiner Mutter war zudem nicht allzu eng, weil sie weit voneinander entfernt wohnten. Wir lebten im äußersten Zipfel von Norddeutschland, sie im äußersten Zipfel von Süddeutschland. Er besuchte sie nur einmal im Jahr, in der Regel dann mit einer neuen Freundin.

Und dann tauchte ich auf. Es war schnell klar, daß ich ihrem Sohn wesentlich mehr bedeutete, als die Frauen vorher. Daß es ihm diesmal Ernst war. Hinzu kam, ich hatte vom ersten Wort an einen Draht zu meinem Schwiegervater. Den mochte ich auf Anhieb. Ein toller Mann mit einer angenehmen umgänglichen Art, der mir auch vom Sternzeichen her unheimlich lag. Er schrieb gerade an einem Buch. Da mein Vater Verleger ist, kannte ich mich in einigen Dingen aus, und so hatten wir sofort ein Gesprächsthema. Wir saßen den ganzen Abend zusammen, redeten über die Form des Buches, wie ein Vertrag aussehen muß und und und, wir haben Fachgespräche geführt. Mein Mann hielt sich raus. Der fand es gut, daß ich nicht blöd und schweigend in der Ecke saß.

Meine Schwiegermutter blieb zwangsläufig außen vor, war nicht Mittelpunkt. Als sie merkte, daß ihr Mann mich mochte, hat sie wohl doch Konkurrenz gewittert. Eine Frau, die nicht nur bei ihrem Sohn gut ankam, sondern auch noch bei ihrem Mann, das war zuviel. Sie war eifersüchtig und sprühte geradezu vor Gift, ständig versuchte sie ein anderes Thema auf den Tisch zu bringen. Aber nicht, indem sie offen sagte: »Los, laßt uns das Thema wechseln, ihr könnt ja morgen weiterreden, ich will mich jetzt auch unterhalten.« Das hätte ich völlig in Ordnung gefunden. Nein, sie versuchte es hintenherum, durch die Blume. Und dabei hat sie mich mit einer unheimlichen Verachtung gestraft. Das war mein Einstieg bei dieser Frau.

Ich fühlte mich damals ziemlich hilflos und habe versucht, ihr Verhalten zu übergehen, einfach nicht darauf einzugehen. Ich wußte ja noch gar nicht, wie stark mein Kontakt zu dieser Frau werden würde. Ich habe mich in dieser Woche sehr unwohl gefühlt, sehr unbehaglich, weil ich ein Mensch bin, der auf Harmonie sehr viel Wert legt. Ich hatte mir eigentlich vorgestellt, wir fahren dahin, und die freuen sich, daß ihr Sohn endlich eine nette Frau mitbringt, mit der es auch etwas wird. Mir ist diese offensichtliche Ablehnung und Nichtachtung sehr nahegegangen.

Allerdings habe ich nicht feststellen können, daß es eine übermäßige Mutter-Sohn-Symbiose gegeben hätte. Jedenfalls nicht von meinem Mann aus. Ihre starke Reaktion war mir deshalb besonders unverständlich. Äußerlich war sie eine sehr attraktive, aber ziemlich aufgetakelte Frau. Sie legte sehr viel Wert auf ihr Äußeres. Rannte zur Kosmetikerin, zur Gymnastik. Sie konnte nur schwer verkraften, älter zu werden.

Mein Mann hat versucht, mich zu trösten. Ich solle das nicht so eng sehen und nicht überbewerten. Seine Mutter sei nun mal ein oberflächlicher Typ, und sie meine das alles nicht so. Sie sage halt schnell etwas, weil sie nicht sensibel sei. Trotzdem hat es mich verletzt. Auch später blieb immer eine Ablehnung, die ich mir nie richtig erklären konnte. Hinzu kam noch, ich war damals gerade 23. Für sie offensichtlich viel zu jung. Sie hat mich behandelt wie ein dummes Ding. Das hat mich natürlich noch mal mehr gewurmt, denn ich war immer ziemlich reif für mein Alter, auch beruflich war ich schon relativ weit gekommen, schließlich leitete ich ein Labor mit und fühlte mich überhaupt nicht mehr als das kleine doofe Mädchen.

Unser schlechtes Verhältnis gipfelte in einer ganz schlimmen Situation, die ich bis heute nicht vergessen habe. Ein Vierteljahr, nachdem wir uns kennengelernt hatten, ist mein Schwiegervater gestorben. Das war ein absoluter Schock für alle. Er war nie krank gewesen. Ist mit 58 an seinem ersten Herzinfarkt gestorben. Wir sind natürlich sofort zu ihr gefahren, und da hat sie sich die Spitze erlaubt. Da habe ich ernsthaft überlegt, ob ich den Kontakt nicht ganz abbrechen sollte.

Nach der Beerdigung – sie lebten in einem kleinen Dorf – liefen sämtliche Dorfbewohner kondolierend an uns vorbei. Das war entsetzlich. Später im Lokal gab es den üblichen Leichenschmaus. Ich hatte das Gefühl, meine Schwiegermutter ist kurz davor, zusammenzuklappen. Sie hatte sich noch reichlich mit Alkohol vollgeschüttet, was ich in der Situation völlig verstehen konnte. Kurz, sie war völlig fertig. Wir sprachen darüber, wie alles weitergehen soll. Sie sagte, sie wolle auf keinen Fall in diesem Dorf bleiben. Ich war während des Gespräches genauso fertig wie sie. Es hat mich alles sehr mitgenommen, und ich konnte nachempfinden, wie entsetzlich das alles für sie war. Sie war ja völlig unselbständig, Hausfrau, Mutter, nie um etwas gekümmert, außer um ihr Aussehen. Ihr Haushaltsgeld bekommen und das wars, die wußte von keiner Abrechnung oder Versicherung, sie wußte nichts von Geldern, von Nachlaß, sie wußte rein gar nichts. Ich unternahm dann einen ziemlich hilflosen Versuch, sie in ihrer Verzweiflung zu trösten, indem ich sagte: »Wir kriegen das zusammen irgendwie auf die Reihe.« Dabei streichelte ich ihre Hand. Da riß sie die Hand weg und schleuderte mir heftig und voller Aggressionen entgegen: »Was weißt

du Göre denn schon vom Leben?« Ich stand einen Moment da mit offenem Mund und bin dann heulend weggelaufen. Das war gemein. Ich war so verletzt, daß ich Rotz und Wasser geheult habe. Mein Mann hat sie sofort zurechtgewiesen: »So kannst du mit Maja nicht umgehen, die meint es gut und will dich trösten.«
Trotz seiner Unterstützung war das ein Schlag ins Genick. Ich war unfähig, zu reagieren. Ich konnte nichts mehr sagen, und es war dann auch alles abgestorben. Ich dachte nur noch, die Frau nimmt dich überhaupt nicht für voll, die behandelt dich wie ein dummes Gör, und ich wollte ihr doch nur mein Mitgefühl und die Absicht, behilflich zu sein, ausdrücken. Den Spruch habe ich heute, zehn Jahre später, nicht vergessen, das hat unser Verhältnis nachhaltig geprägt. Auch später, sie war dann nach Frankfurt gezogen, fühlte ich mich in ihrer Gegenwart nie wohl. Ich kam einfach nicht an sie ran. Sie gab mir nie das Gefühl, daß ich mit ihr einen über die Oberfläche hinausgehenden Kontakt herstellen könnte. Ich habe bis heute nichts geschafft, als immer nur oberflächliches Gelaber.
Das erste Weihnachten, nachdem mein Schwiegervater tot war, haben wir sie zu uns geholt. Sie hat nur geheult. Verständlich. Aber wenigstens bemühte sie sich um ein Minimum an Harmonie, weil sie schon froh war, daß sie das Weihnachtsfest nicht allein verbringen mußte. Aber es war wieder die ganze Zeit Unwohlsein dabei. Unbehagliche Distanz. Und ich kann in ihrer Gegenwart nie so sein wie ich bin. Ich kann nicht spontan sein, nicht normal, weil sie schon bei der kleinsten Kleinigkeit sofort beleidigt ist.
Ihre Grundstimmung ist negativ. Sie kann sich über nichts richtig freuen, ist nörgelig und will immer der Mittelpunkt von allem sein. Und so war dann auch das Weihnachtsfest. Keiner hat sich wohl gefühlt, obwohl

die Konflikte unter der Oberfläche blieben und niemand sie ausgesprochen hat.

Mit ihrem Mittelpunktsfimmel, den sie rauskehrte, wo sie konnte, hat sie mich auf unserer Hochzeit sehr in Verlegenheit gebracht. Meine beste Freundin ist mit einem sehr wohlhabenden Mann verheiratet und kam in einem teuren Pelzmantel. Da hat meine Schwiegermutter an dieser Frau, die sie ja gerade erst kennengelernt hatte, so lange herumgequengelt, bis sie es geschafft hatte, daß auf dem Hochzeitsgruppenfoto sie den Pelzmantel meiner Freundin trug. Peinlich! Meine Freundin ist zum Glück sehr souverän und hat nie ein Wort darüber verloren.

Mein Mann nimmt seine Mutter nicht ernst. Ich habe das Gefühl, daß er kaum eine Beziehung zu ihr hat. Er war das ungewünschte Kind, schon als Baby hat sie ihn nur abgeschoben, weil sie das Gefühl hatte, er blockiert ihr Leben. Und er hat sich wohl damit abgefunden, das unerwünschte Kind zu sein. Es gibt also nicht diese klassische Mutter-Sohn-Beziehung.

Das Bedürfnis, sie zu sehen, den Kontakt zu halten, ging mehr von mir aus. Ich habe das Bedürfnis, Familie zu haben, ein Nest, in das man eingebettet ist. Ich komme aus einem sehr warmen Nest, aus einem sehr herzlichen Zuhause, einer harmonischen intakten Familie. Wir haben liebevolle und regelmäßige Beziehungen miteinander. Deshalb habe ich immer wieder einen Anlauf genommen und sie angerufen, wenn ich ein Problem hatte. Obwohl ich keinerlei Unterstützung oder Mitgefühl erfuhr, sie verletzte mich permanent. Bis vor kurzem suchte ich den Kontakt – auch wegen meines Sohnes.

Ich habe mir beispielsweise immer sehr viel Gedanken gemacht, womit man ihr zum Geburtstag eine Freude machen könnte. Und weil sie es liebte, sich schick anzuziehen, habe ich ihr jahrelang zu jedem Fest einen schönen Pullover gekauft. Ich wußte, sie liebte Pullover, hatte einen Pulloverfimmel. Ich habe damals richtig teure Pullover gekauft, welche, die ich auch gerne gehabt hätte, die ich am liebsten selbst behalten hätte. Irgendwann, als ich mal da war, machte sie ihre Kleiderschränke auf. Kleiderschränke voller Pullover. Da lagen sie alle. Sie erklärte nur kühl und beiläufig, sie habe noch keinen davon angehabt. Die seien nicht das Richtige für sie. Dann hat sie erzählt, sie habe den einen oder anderen schon ihrer Freundin geschenkt. Ich war wieder mal geplättet von dieser Unverfrorenheit.

Sie hat es permanent geschafft, mich zu kränken. Das waren immer Erlebnisse, wo ich dachte, das darf überhaupt nicht wahr sein. Und doch bin ich immer wieder reingefallen, weil immer Sachen kamen, die ich nie für möglich gehalten hätte.

Als mein Sohn geboren wurde, haben wir sie nach längerer Zeit mal wieder eingeladen. Man vergißt ja im Laufe der Zeit viel. Er war ihr erster Enkel, und wir waren gerade frisch in unser Haus eingezogen. Wir freuten uns riesig über das Kind, wollten nur mit ihm zusammen sein und hatten erwartet, daß es ihr genauso geht. Daß sie entzückt sein würde über ihr erstes Enkelkind. Ich hatte gedacht, sie wird als stolze Großmutter den Kinderwagen durch die Gegend schieben. Einen Tag ging sie auch artig raus, am zweiten Tag sagte sie schon, es ist ja total langweilig hier, da hätte ich besser zu Hause bleiben können. Ich war wieder völlig vor den Kopf gestoßen, ich rechne mit so was einfach nicht. Ich habe zu ihr gesagt, du wirst doch nicht im Ernst erwarten, daß ich jetzt mit diesem zwei Wochen alten Baby und dir durch die Innenstadt schiebe. Ich weiß, daß sie ein totaler Citytyp ist, und früher habe ich das ja auch häufig mit ihr gemacht. Aber nun war ja ein Baby da, was vorging vor den Vergnügungen meiner Schwiegermutter. Da war sie beleidigt.

Ich habe ihr vorgeschlagen, daß sie allein gehen könne, mein Mann wollte sie fahren und holen, aber das wollte sie auch wieder nicht. Mein Mann und ich haben dann noch überlegt, wie wir ihr entgegenkommen könnten, und sind schließlich schick mit ihr Essen gegangen. Dort fragte sie mich: »Was kannst du denn empfehlen?« Da ich wußte, daß sie auf Fleisch steht, habe ich ihr Roastbeef und die wunderbar krossen Bratkartoffeln von Laurent, dem Koch, dazu empfohlen. Die hat sie bestellt. Was ich nicht wußte, und sie hat auch kein Sterbenswörtchen gesagt, daß sie ein großes Problem mit ihrer Galle hat. Und Diabetes. Sie muß also eigentlich Diät essen.

Was hat sie getan? Sie hat alles aufgegessen, und dann auch noch meine Weißbrotreste dick mit Kräuterbutter bestrichen. Kein Mensch hat sich natürlich Gedanken gemacht über ihren Cholesterinspiegel und ihre Galle. Sie ist schließlich ein erwachsener Mensch, und keiner hat ihr was aufgedrängt. Was passierte?

Sie war wohl die ganze Nacht zur Toilette gelaufen. Wir dagegen haben geschlafen wie die Steine, keiner hat sie gehört. Sie hatte eine Kolik nach der anderen und Gallenkrämpfe. Und so saß sie am nächsten Morgen total fertig am Frühstückstisch. Wollte sofort und unbedingt nach Hause. Wir fielen natürlich aus allen Wolken. Ich habe ihr dann einen Zug rausgesucht, sie zum Bahnhof gebracht, und dann kam der Hammer. Sie verabschiedete sich und sagte: »Du bist schuld, du hast mir Roastbeef mit Brafkartoffeln empfohlen.« Da fiel mir wieder nichts mehr ein.

Das war es dann. Irgendwo war ich endlich bedient nach allem, was sie sich mir gegenüber geleistet hat. Ich habe meine Bemühungen eingestellt, habe den

Kontakt von da an nicht mehr gesucht. Ich habe zu meinem Mann gesagt, es reicht. Nun muß sie sich melden. Immerhin gab es ihren Enkel, und der hatte irgendwann Geburtstag. Es gab Weihnachten, also Gründe genug für sie, sich zu melden.

Auch sie hat nichts mehr von sich hören lassen. Es kamen zu Weihnachten und zum Geburtstag unpersönliche Karten an ihr Enkelkind. Sie tat ihre Pflicht, wohl um ihr Gewissen zu beruhigen. Meinen Geburtstag hat sie übrigens nie zur Kenntnis genommen. Wir haben es jetzt dabei belassen.

Die Dauerbesucherin

Geradezu klassisch schwiegermütterlich agiert die potentielle Dauerbesucherin. Sie möchte einfach nur dabeisein. Aus Angst vor dem Alleinsein oder einfach davor, etwas Wichtiges zu verpassen. Denn in der Regel weiß sie mit sich selbst wenig anzufangen, definiert sich allein über ihre Kinder. Die sind ihr Gesprächsthema, ihr Lebensinhalt, und ohne deren Zuwendung kann sie nicht leben. Folglich fragt sie auch nicht danach, ob ihre Besuche erwünscht sind. Der geringste Anlaß genügt ihr für eine Visite oder zumindest ein ausführliches Telefongespräch, manchmal mehrmals täglich. Hat sie sich erst mal häuslich niedergelassen, ist sie mitunter nur mit sanfter Gewalt nach wochenlanger Belagerung aus dem Haus zu bewegen. Vor allem, wenn sie in einiger Entfernung lebt.

Selbst wenn sie nicht anwesend ist, stehen ihre Ansichten, Tips und Einwände oft in Gestalt praktischer Mitbringsel im Raum. Schon in ihrer eigenen Ehe hat sie entdeckt, daß sie durch pure Anwesenheit und unauffällige Beharrlichkeit Gehör finden oder sich sogar unentbehrlich machen kann. Daß sie ihren Mitmenschen damit auf den Wecker geht, nimmt sie nicht wahr. Dagegen ist sie längst immun.

Auf die gleiche unscheinbare Weise erwartet sie nun von ihrem Sohn, mehr oder weniger offen, eine Art familiären Tribut, den sie selbst ungefragt abgeleistet hat. »Ich habe nächtelang an seinem Bett gewacht, wenn er krank war«, erzählt sie gern. Oder sie argumentiert schlüssig: »Von allein rufst du mich ja doch nie an«. Also kommt sie gleich selbst vorbei, mit Handtuchhaltern aus dem Winterschlußverkauf oder dem frisch gebackenen Lieblingskuchen für ihren Sohn und dem dazugehörigen handgeschriebenen Rezept für die Schwiegertochter.

Aus übersteigerter Verlustangst oder aus Einsamkeit greift die Dauerbesucherin, ohne sich dessen voll bewußt sein zu müssen, auch in die moralische Tickkiste: Eine Grippe nimmt kein Ende, der Bus fährt nur noch alle Stunde, oder die Heizung in der eigenen Wohnung wird nicht richtig warm. Selbst wenn der Sohn dann die erkältete Dauerbesucherin mit Medikamenten und heißem Tee versorgt, sie nach dem Dunkelwerden heimfährt oder ihre defekte Heizung repariert, ist das grundlegende Bedürfnis nach dauernder Nähe nicht gesättigt. Im Gegenteil: Der Erfolg gibt ihr ja frische Hoffnung, sie wird sich flugs einen neuen Besuchsgrund suchen. Ein Kreislauf ohne Ende.

Das größte Problem im Umgang mit der potentiellen Dauerbesucherin liegt darin, Grenzen zu ziehen. Ohne ihr gleich das Gefühl zu geben, aus dem Familienkreis ausgestoßen zu werden. Trotzdem gilt: Je früher klare Grenzen gezogen werden, desto weniger böses Blut fließt. Offene Aus- und Absprachen bringen dabei langfristig mehr als sie schaden können. Manchmal können feste Abmachungen helfen wie: »Sonntags zum Mittagessen kannst du gern kommen, aber der Nachmittag gehört uns.« Denn es geht nicht so sehr um den kränkenden Hinweis, daß sie als Gast grundsätzlich nicht erwünscht ist, als vielmehr darum, Platz für die Entwicklung der Zweisamkeit (mit oder ohne Kinder) zu schaffen.

Ihr das zu vermitteln, ohne hartherzig und undankbar zu sein (oder sich zumindest so zu fühlen), ist oft eine mittelschwere Geduldsprobe für den Sohn. Denn es ist tendenziell seine Aufgabe, seiner ständig anwesenden Mutter Grenzen zu setzen. Aber es lohnt sich – für die eigene Partnerschaft und für ein offenes Verhältnis zu seiner Mutter.

Henrieke, 32, Sekretärin, verheiratet, ein Kind
»Am liebsten wäre sie zu uns gezogen«

Ihr größter Wunsch: Wir bauen ein großes Haus, und sie zieht oben bei uns ein. Doch daraus wird nichts. Das könnte ich nicht ertragen.

Mein Mann ist Arzt. Seine Mutter ist Frau Doktor. Sie ist sehr unzufrieden. Ihr Mann ist früh gestorben. So war ihr jüngster Sohn, mein Mann, von Kind an nur seiner Mutter ausgesetzt. Er war der Liebling. Ihr ein und alles. Obwohl er noch einen Bruder hat, mußte er nach dem Tode seines Vaters den Mann im Haus ersetzen. Er hat alle männlichen Arbeiten und Aufgaben verrichten müssen.

In der Schule war er immer der Beste. Notendurchschnitt 1,2. Medizinstudium ohne überflüssiges Semester durchgezogen. Er sagt immer: »Das bin ich meiner Mutter schuldig. Sie hat so viel für mich getan. Ich hätte

ihr keinen Monat länger auf der Tasche liegen können.« Und sie versäumt bei keiner Gelegenheit zu
erzählen, seine Ausbildung habe sie 80 000 Mark gekostet. Das habe sie ihm trotz aller Probleme ermöglicht.
Davon zehrt sie.

Sie hat sehr sparsam gelebt. Alles hat sie in ihren Sohn
gesteckt. Das ist ihre Rechtfertigung dafür, daß sie uns
ständig mit ihren Besuchen belagern möchte. Dabei
hält sie mir ständig vor, wie fleißig sie als Hausfrau und
Mutter gewesen sei. Wie sparsam, wie gut sie gewirt-
schaftet hat. Ich passe in ihre Vorstellungen überhaupt
nicht hinein. Ich sage nämlich:»Ich bin nicht bereit, nur
für mein Kind zu leben.« Dann ist sie einem Nervenzu-
sammenbruch nahe. Sie muß sich ständig einmischen,
uns vorwerfen, daß wir zu wenig sparen. Sie macht
richtig Druck, und sie erzählt es so, als sei ich schuld.
Sie macht mir Schuldgefühle gegenüber meinem
Mann. Ich bin diejenige, die sein (!) Geld mit vollen
Händen ausgibt. Obwohl ich auch berufstätig bin. Sie
meint, ihr Sohn würde so leben, wie sie es ihm vorgelebt hat, wenn er mich nicht hätte.

Das bricht richtig aus ihr heraus, immer wieder, sie
kriegt richtige Anfälle. Macht mir schwere Vorwürfe. Ich
sei der Hinderungsfaktor Nummer eins, ich gebe ver-
schwenderisch das Geld aus, das ihr Sohn sich hart verdient hat. Sie wirft mir beispielsweise meine Garderobe
vor. Zuviel, zu teuer. Die Hälfte täte es auch. Da habe ich
gesagt:»Ich möchte nicht, daß du ständig hier auf-
tauchst und dich in meine Angelegenheiten mischst.«
Weihnachten ist es gerade wieder eskaliert. Da kam sie
und sagte:»Ihr habt ja beide viel Weihnachtsgeld bekommen. Dann habt ihr ja bestimmt eine Menge aufs
Sparbuch bringen können.« Das hat mich so geärgert,
daß ich gesagt habe:»Nee, das haben wir alles verbra-
ten, und es hat diesen Monat gerade so gereicht.« Da

hat sie nichts gesagt. In Wirklichkeit hatten wir etwas aufs Sparbuch gebracht, aber das geht sie doch nichts an. Es eskalierte schließlich abends zwischen meinem Mann und seiner Mutter. Sie machte ihm wahnsinnige Vorwürfe. Mein Mann gab die an mich weiter. In einer Art, daß ich mich schließlich vor meinem Mann rechtfertigen mußte.

Von meinem Mann hatte ich erwartet, daß er ihr sagt, was geht es dich an? Bleib zu Hause, statt in alles deine Nase zu stecken. Aber er hatte das Gefühl, er müsse seiner Mutter Rechenschaft ablegen. Sagte ihr, daß er doch etwas gespart habe. Das fand ich saublöd. Und daß er mich dann noch zur Rede stellte, völlig überflüssig.

Ich habe ihr vor kurzem ein paar Takte gesagt. Da fing sie an zu heulen. Das bißchen Anerkennung, was sie haben wolle, das sei doch wohl nicht zuviel. Womit habe sie nur eine so patzige Schwiegertochter verdient. So frech hätte sie früher mal zu ihrer Schwiegermutter sein sollen, dann hätte es aber was gesetzt. Und das, wo sie doch alles für ihre Kinder tue – ich hasse es! Ich war froh, als mein Mann in eine andere Stadt versetzt wurde. Ich hätte für unsere Ehe sonst schwarz gesehen. Weil mein Mann immer Schuldgefühle ihr gegenüber hat. Er meint immer, er müsse doch einlenken und vermitteln. Er könne ihr doch nicht die Tür weisen. Er hat ständig ein schlechtes Gewissen, obwohl er sich auch ganz schön mit ihr beharkt. Er sagt: »Es ist doch meine Mutter«, und das soll dann immer herhalten für seine Inkonsequenz ihr gegenüber.

Und weil er sich zu keiner Position durchringen kann, steht er doch immer wieder ganz blöde dazwischen. Es ist das Muster: »Sie hat doch so viel für uns getan. Jetzt können wir doch nicht so ablehnend sein.« Er bringt sich damit richtig zwischen die Stühle. Mein Mann neigt zum Jähzorn. Ich glaube, weil er nie einen Weg gefunden hat, sich seiner Mutter gegenüber abgrenzend zu äußern. Das hat sie verhindert. Wenn wir beispielsweise bei ihr waren, sagte sie immer: »Kinder, setzt euch hin, ruht euch aus. Ich mache alles.« Wenn man das ernst nahm und anfing, Zeitung zu lesen, konnte man sicher sein, daß das keine drei Minuten gutging. Dann rief sie: »Komm doch mal eben. Mach mal eben dies . . ., hilf mir mal eben bei dem . . ., faß mal eben dort an.« Mein Mann stöhnte und schluckte immer, ließ sich von ihr aber widerwillig scheuchen, doch irgendwann platzte er. Er explodierte, er rastete dann richtig aus. Sie wiederum war fürchterlich erschrocken und verstand die Welt nicht mehr. Keiner hat es fertiggebracht, sich klar zu verhalten. Es hätte ja mal einer sagen können: »Du hast doch eben gesagt, wir sollen nichts tun.« Aber mein Mann wurde dann jähzornig, und sie erschrak wie ein angeherrschtes kleines Kind, das sich keiner Schuld bewußt ist. Auch mir ist das erst im nachhinein klargeworden.

Was sie mir nie verziehen hat, war, ich habe zwar die Fachoberschulreife, aber danach eine Sekretärinnenausbildung gemacht, habe also nicht studiert. Und damit hat man eben keine Schwiegertochter zum Angeben. Das hat sie mir ständig unter die Nase gehalten.

Mein Mann hat mich oft beschwichtigt: »Du siehst sie doch nur noch selten. Die wenigen Male nimm dich doch zusammen. Geh doch auf Distanz. Sie ist eben alt.« Er hat sich immer um die Austragung von Konflikten herumgemogelt. Indem er mir klarmachte, ich sei die Jüngere. Ich habe es in der Hand, wie dieses Verhältnis sich gestalte. Ich solle nicht immer so dickköpfig sein. Sie alle vier Wochen sehen – darauf hatten wir es nach unserem Wegziehen reduziert, und es war mir im-

mer noch viel zu viel – könne man doch wegstek-
ken.

Ich kann das nicht, mich macht es fertig. Ich will klar
sein können. Will mit meiner Meinung akzeptiert werden. Sie soll meine Art zu leben respektieren. Sie muß
es ja nicht gut finden, aber sie muß es respektieren.

Schon bei der Hochzeit war es schrecklich. Wir sollten
für die Verwandtschaft kirchlich heiraten – ich bin gar
nicht in der Kirche. Ich habe da überhaupt keinen Wert
darauf gelegt. Schließlich habe ich mich durchgesetzt
und habe das rigoros abgelehnt. Da hat mein Mann das
einzige Mal in unserer Beziehung voll zu mir gestanden. Das hat sie mir bis heute nicht verziehen, daß ich
ihr einen Strich durch ihre Traumhochzeit gemacht
habe. Sie sagt natürlich, ich habe ihn aufgehetzt. Es sei
alles mein schlechter Einfluß gewesen.

Von meinem Mann hätte ich erwartet, daß er die Konflikte mit seiner Mutter durchsteht und sich nicht ständig auf meine Kosten darum herummogelt. Er hätte mir
mal das Gefühl vermitteln müssen, er steht hinter mir.
Ich hatte eine Phase, da hatte ich eine Heidenfreude, in
Gegenwart meiner Schwiegermutter mit alten ver-
schlissenen Jeans herumzulaufen. Und jedem zu erzählen, ich hätte kein Abi geschafft, und mein Kind
werde antiautoritär erzogen. Ich war total auf Opposi-
tion aus. Sie hat einen geradezu kindlichen Trotz in mir
hervorgerufen.

Die Kinder des Bruders meines Mannes und unseres
werden immer verglichen. Immer schneidet das seines
Bruders besser ab. Weil es angeblich besser erzogen
wird. Und dann sagt sie immer, Stefan – so heißt der
Bruder – hat auch gesagt. Mich macht das wahnsinnig,
ich kann es wirklich nur noch mit großer räumlicher
Distanz ertragen.

Sie meint auch immer, die Kinder anderer Leute sind

dankbar und lieb. Nur ihre – Schwiegertöchter einge-
schlossen – nicht. Und sie stöhnt dauernd: »Womit habe
ich das verdient?«

Und ständig diese Vergleiche, das ging schon bei den
Babies los. Der hat schon drei Zähne, wieso eurer nicht?
Der ist schon sauber, wieso braucht eurer noch Windeln? Der spricht schon klar und deutlich, wieso nu-
schelt eurer noch so rum?

Ganz schrecklich war für sie, daß wir es kürzlich ein
zweites Mal abgelehnt haben, zusammen mit ihr ein
Haus zu bauen und mit ihr unter ein Dach zu ziehen.
Sie hatte angeboten, zu uns zu kommen. Das hat sich
irgendwann hochgeschaukelt. Da heulte sie wieder,
wir seien so undankbar. Sie müßte eines Tages ins Pfle-
geheim gehen. Erst für die Kinder aufgeopfert und im
Alter ins Heim abgeschoben. Ich hatte mich gerade
überwunden, eine Woche zu ihr zu fahren. Nicht, weil
ich das wollte, sondern für meinen Sohn. Ich finde, der
soll nicht unser schlechtes Verhältnis ausbaden müssen. Es ging also wieder um dieses leidige Thema
Hausbau. Ich habe endlich einmal klipp und klar gesagt, ich lege keinen Wert auf ein Haus und lebe dann
vielleicht in einer zerrütteten Ehe, weil ich nur noch für
den blöden Kasten arbeite, jeden Urlaub im Garten ver-
bringe. Ich bin auch nicht bereit, auf Essengehen zu
verzichten. Und schon gar nicht will ich mit dir unter
ein Dach ziehen. Sie hat erst wieder nichts gesagt, und
ich habe das dann abgeschlossen, indem ich gesagt
habe: »Lieber lebe ich mit meinem Mann in 50 Qua-
dratmetern und bin glücklich als ein Haus am Hals mit
Schwiegermutter und unglücklich.« Das nahm sie erst
mal nur so auf. Für mich war das Thema damit endgültig durch.

Abends fragte mein Mann mich am Telefon: »Sag mal,
was hast du eigentlich meiner Mutter erzählt?« Da

hatte sie unser Gespräch in ihrer Version ausgewertet. Mein Mann fragte mich: »Wieso hast du meiner Mutter erzählt, daß wir uns gegen ein Haus entschieden haben?« Er machte mir wieder bittere Vorwürfe.

Sein Bruder hat ja vor kurzem endlich ein Haus gekauft. Das ist seitdem Gesprächsthema Nummer eins. Das wird uns regelmäßig unter die Nase gerieben. Die erste Frage ist immer: »Na, wie sieht es bei euch aus? Habt ihr es euch überlegt?«

Sie spielt wirklich üble Spielchen. Einen Abend – wir waren bei ihr zu Gast – waren wir kurz bei seinem Bruder, der in ihrer Nähe wohnt. Der fragte spontan: »Wollt ihr nicht zum Abendessen bleiben?« Wir hatten Lust und riefen bei der Schwiegermutter an, um Bescheid zu sagen. Wir hatten es beim Gehen offengelassen, ob wir zum Abendessen zurück sind.

Sie wollte aber unbedingt, daß wir mit ihr essen. Mein Schwager – er ist Studienrat und hat auch einen Dr. – hat dann auch noch mit ihr gesprochen, und da hat sie einen Heidenzauber gemacht. »Du mußt dich doch auf die Schule vorbereiten. Du hast doch gar keine Zeit.« Sie mischte sich ein, daß wir ihm zur Last fallen, und es hat tierischen Zoff gegeben. Wir sind trotzdem geblieben.

Wir kamen gegen 21 Uhr nach Hause. Kommen rein, da hat sie für drei Personen festlich den Abendbrottisch gedeckt. Sie selbst lag im Bett und war nicht ansprechbar. Hatte angeblich Kopfschmerzen, übel sei ihr. Sie sei nicht für uns zu sprechen. Uns klagte sozusagen der liebevoll gedeckte, aber verschmähte Abendbrottisch an. Wie für ein Fest gedeckt, aber keiner war gekommen. Ich fragte: »Was soll das denn?« Mein Mann ging zu ihr, und ich hörte dann wilde Wortwechsel. Hörte, wie sie heulte, wie sie Vorwürfe machte ... Wir haben anschließend unsere Sachen gepackt und sind gefahren. Mein Mann mit einem schrecklich schlechten Gewissen. Er schafft es bis heute nicht, deutlich zu sagen, was er will. Er leidet unter seiner Mutter. Ich dagegen sehe sie immer mehr mit Distanz. Meine Schwiegermutter ist nie mit sich selbst ins reine gekommen. Die krankt an sich selbst. Sie ist ständig unzufrieden, nörgelig, schielt nach anderen, was die alles besser haben. Sie ist neidisch, und sie akzeptiert sich selbst nicht. Versucht, ihre Probleme über uns abzureagieren. Uns ständig auf die Pelle zu rücken. Wir sollen praktisch für ihre Probleme geradestehen. Ich denke nicht daran, diesen Kinderkram mitzumachen. Ich habe mich ausgeklinkt.

Die Abgenabelte

Die abgenabelte Schwiegermutter ist der Traum aller Schwiegertöchter – und ein Alptraum für so manchen versorgungsbedürftigen Sohn. Sie hat sich innerlich von allen Ambitionen verabschiedet, ihrem Sohn und damit auch seiner Partnerin in die Lebensgestaltung reinzureden. Oder sie hatte diese Ambitionen nie. Deswegen muß ihr das Wohlergehen ihrer Kinder nicht gleichgültig sein. Aber sie steht auf dem Standpunkt: Meine Kinder sind erwachsen und allein für sich verantwortlich. Wird sie um Rat gefragt, antwortet sie so gut sie kann. Ohne jedoch deswegen immer auf dem Sprung zu sein und auf jedes Signal des Sohnes übereifrig zu Hilfe zu eilen. Irgendwie weiß sie, oder sie hat es im Laufe ihrer eigenen persönlichen Geschichte erfahren, daß ungebetene Einmischung mehr Schaden als Nutzen bringt. Daß Kinder ihre eigenen Fehler machen müssen. Hinzu kommt, daß sie sich oft ein eigenes, erfülltes Leben aufgebaut hat, also nicht, was soziale Kontakte angeht, von ihren Kindern abhängig ist.

Nur wenige Mütter trauen sich, ihre Kinder loszulassen. Für sie dazusein, ohne sich einzumischen. Hinter einer vom Sohn abgenabelten Haltung steckt fast immer eine gehörige Portion Selbstvertrauen, Mut, Eigenständigkeit und ein gesunder Egoismus. Diese Schwiegermütter nehmen ihre eigenen Interessen mindestens ebenso wichtig wie die ihrer (Schwieger-)Kinder. Sie sind oft im Beruf ausgelastet oder waren es zumindest, sie wissen etwas mit ihrer Freizeit anzufangen, engagieren sich in sozialen oder politischen Initiativen und Institutionen, und sie legen ausgesprochenen Wert auf die Pflege ihres Freundeskreises. Kurz: Sie sind erst einmal mit sich selbst zufrieden und weigern sich deshalb, sich nur über ihre mehr oder weniger wohlgeratenen Kinder zu definieren. Eine abgenabelte (Schwieger-)Mutter würde keine Verabredung im eigenen Freundeskreis absagen, nur weil ihr Sohn heute gerade mal Zeit für sie hat. Deshalb kann sie es auch erstaunlich gut aushalten, wenn ihr Sohn mit der Partnerin anders leben will, als sie es für richtig hält. Selbst dann, wenn sie glaubt, das junge Paar sei auf einem Irrweg oder mache einen Fehler.

Bezeichnenderweise verkehrt sich das Verhältnis zwischen einer abgenabelten Mutter und einem versorgungsbedürftigen Filius oft geradezu ins Gegenteil. Bezeichnend deshalb, weil hier offenbar wird, was meist im Hintergrund bleibt: ein archaisches Interesse des Sohn-Partners am Negativ-Bild der Schwiegermutter und die Sehnsucht nach der Obermutter. Denn in dieser eher seltenen Konstellation ist der Sohn derjenige, der um Zuwendung, Beachtung und Unterstützung kämpfen muß. Und er tut es. Nun ist er der Klammernde, der sich nicht selten sogar bei seiner

Mutter beschwert, sie würde ihm und seinen Sorgen zu wenig Aufmerksamkeit schenken.

Für die Schwiegertochter gibt es keine unmittelbaren Konfliktfelder mit der abgenabelten Schwiegermutter. Im Gegenteil: Häufiger als sonst üblich, haben amerikanische Familienforscher festgestellt, suchen sie ihren Rat und ihre Freundschaft. Ohne Versorgungs-Konkurrenz, Eifersucht um Zuneigung und Intrigenspiel kann sich echtes Interesse zwischen den beiden Frauen, deren einzige Verbindung zunächst der Sohn-Partner ist, entwickeln. Wer erst einmal beim »Nebeneinanderherleben« locker lassen kann (ohne sich dabei selbst zu verleugnen), hat in der Neu-Verwandtschaft Schwiegermutter und -tochter die Chance, unbelastet aufeinander zugehen zu können. Auch dann, wenn es um ihn, den gemeinsamen Nenner, geht. Und manche Schwiegertochter erfährt auf diesem Weg sogar mehr über den Sohn, als ihrem Partner lieb sein mag.

Allerdings kann auch eine starke Verbindung zwischen Schwiegertochter und abgenabelter Schwiegermutter Probleme bringen. Denn auch der Mann hat ein Recht darauf, von seiner Partnerin vorrangig ernst genommen zu werden. Ein Zweckbündnis zwischen den beiden Frauen, mit Spöttereien ihm gegenüber und heimlichem Tratsch, kann die Beziehung vergiften.

Gisela, 58, Tierärztin, zwei Kinder
»Ich habe mein eigenes Leben«

Ich bin zwar auch Schwiegertochter, aber jetzt spreche ich als Schwiegermutter. Einmal habe ich einen gravierenden Fehler meinem älteren Sohn gegenüber gemacht, und es hat lange gedauert, bis ich das eingesehen habe. Dieser Fehler hat mein Verhalten als Schwiegermutter nachhaltig beeinflußt. Mein Sohn ging – er war gerade 15 – auf eine Klassenfahrt. Eine Praktikantin – eine entzückende junge Frau, 23 – fuhr mit. Die beiden haben etwas miteinander oder besser gesagt, sie hat mit ihm etwas angefangen. Und da habe ich mich massiv eingemischt.

Mein Sohn hatte das unbefangen erzählt, als er wieder zu Hause war. Meine Kinder mußten normalerweise vor mir keine Geheimnisse haben. Und so fiel er natürlich aus allen Wolken, daß ich mich plötzlich so aufregte. Mich hat dieses Verhältnis unheimlich fuchsig gemacht. Ich hatte das Gefühl, er wird benutzt. Dazu muß man wissen, die junge Dame war verlobt. Und wir leben in einem kleinen Dorf, wo jeder jeden kennt. Und daß eine mit einem anderen schon fast Verlobte sich so einen jungen Mann hält, der ihr sein Herz zu Füßen legt und sie anbetet – das hat er wirklich getan –, dazu war mein Sohn mir zu schade. Ich hätte nichts gesagt, wenn sie frei gewesen wäre. Der Altersunterschied war mir egal. Aber so fand ich es unecht.

Es beschlich mich das Gefühl, mein Sohn kann das nicht beurteilen, der ist ganz kopflos, und sie macht ihn von sich abhängig. Mein Sohn himmelte sie derart an, ich konnte das nicht mitansehen und nicht ertragen. Ich hatte das Gefühl, das ist unfair und ungleich. Ich habe mich also wahnsinnig echauffiert und habe gesagt: »Das lasse ich mir nicht gefallen. Du gehst noch zur Schule. Die Dame hat einen festen Freund.« Ich bin auch tätig geworden, habe mich an den Lehrer gewandt und auch an diese junge Frau und habe gesagt: »Das will ich nicht.« Der Lehrer hatte gesehen, wie sie sich in ein Abteil abgesondert und geschmust hatten. Es ist mir mit meinem Eingreifen tatsächlich gelungen, dieses Verhältnis zu unterbinden.

Monate später hat mein Sohn mir sehr traurig gesagt, daß ich ihn da sehr enttäuscht hätte. Daß er so eine massive Einmischung nicht von mir erwartet hätte. Und daß ich es ihm hätte überlassen müssen.

Da wurde mir klar, wie sehr ich ihn verletzt hatte. Ich habe lange gebraucht, um das zu verdauen. Und mir einzugestehen, daß es wohl ein Fehler von mir war. Heute denke ich, als Außenstehende konnte ich das vielleicht besser beurteilen, daß da etwas unfair war. Aber es tut mir leid, weil ich denke, ich habe ihm eine Erfahrung weggenommen. Er hätte selbst die Chance haben müssen, das zu lösen.

Als ich wieder Distanz hatte, ist mir aufgefallen, daß ich selber meine Fehler gemacht habe, zu Hauf. Ich habe sie machen müssen, um das zu werden, was ich heute bin. Ich habe mich von meinem Elternhaus sogar lange distanziert, weil vieles, was ich gemacht habe, in der Familie gar nicht gerne gesehen wurde. Ich war oft in der Situation, daß ich Dinge nicht ehrlich gesagt habe, sondern sie schöngefärbt habe. Damit meine Mutter das akzeptieren konnte. Und als mir das klar wurde, wußte ich, nein, das will ich nicht. Und das sollen meine Kinder nicht so machen müssen. Weil meine eigenen Erfahrungen noch so hautnah sind, will ich mich bei meinen Kindern nicht einmischen.

Für mich war das Erlebnis mit meinem Sohn jedenfalls ein Schlüsselerlebnis. Als ich damit durch war, habe ich gesagt, das tue ich nicht wieder. Und ich habe mich daran gehalten. Danach habe ich beide Söhne immer ihre Erfahrungen machen lassen, auch wenn ich vorher sah, daß es nicht gutgeht.

Bei meinem zweiten Sohn – er ist zwei Jahre jünger – habe ich das durchgehalten, als er eine geschäftliche Entscheidung traf, wo er sehr viel Geld riskiert hat. Ich sah vorher, das würde schiefgehen. Er hat sich und seine Möglichkeiten überschätzt, war aber überzeugt, es sei alles glänzend und er schaffe das. Ich habe mir verboten, mich da einzumischen. Habe gedacht, gut, wenn er so überzeugt ist, muß er seine Erfahrung machen. Er hat tatsächlich Schiffbruch erlitten, das ist jetzt vier Jahre her. Er hat aber sehr viel daraus gelernt, und ich muß heute sagen, dieser Schiffbruch hat ihm unterm Strich gutgetan. Er ist viel realistischer geworden, sehr viel vorsichtiger. Und er war dankbar, daß ich mich nicht eingemischt habe.

Aber nun zu meiner Schwiegertochter – der Große wird bald heiraten. Diese Erlebnisse haben natürlich mein Verhältnis zu ihr geprägt. Ich muß vorausschicken, sie ist mir sehr sympathisch. Und ich käme genauso wenig auf die Idee, meiner Schwiegertochter in ihre Sachen hineinzureden, wie ich das bei meinen Söhnen mache. Deren Beziehung ist nicht mein Bier, und ich habe bei allem, was mein Sohn und seine Frau für sich entscheiden, das Gefühl, es geht mich überhaupt nichts an. Wenn ich meine Schwiegertochter so sehe, denke ich sogar oft, toll, wie sie es mit meinem Sohn aushält. Und wie sie mit ihm umgeht. Er ist nämlich ein ganz schön harter Brocken. Ich find's auch toll, daß ich das so sehen kann. Daß ich sie toll finde, obwohl ich auch sehe, daß sie auch für ihn ein ganz schöner Hammer ist.

Dieser Sohn ist sehr rechthaberisch und weiß immer genau, was Sache ist. Auch wenn es ganz anders ist. Dann will er sich das nicht eingestehen. Er kann überhaupt nicht zugeben, daß er sich irrt. Er ist schrecklich starr in seiner Meinung. Das ist für meine Schwiegertochter nicht leicht. Aber sie hat das gut hingekriegt. Sie hat gelernt, ihn zurückzuholen, wenn er sich verrannt hat.

Meine Schwiegertochter ist eine höchst sparsame und entschlußunfreudige Person. Mein Sohn dagegen guckt, entscheidet, und dann ist der Fall für ihn erledigt. Auch, wenn es ein paar Mark mehr kostet. Da hat er dann mit ihr Probleme. Es ist ein ständiges Konfliktfeld bei den beiden, aber gleichzeitig ergänzen sie sich gut. Meine Schwiegertochter vertraut sich übrigens mehr mir an als ihrer Mutter. Sie kommt aus einem sehr autoritären Elternhaus, wo alles seine Ordnung zu haben hatte und wo gesagt wurde: »Was sollen die Leute denken?« Mir dagegen ist es völlig egal, was die Leute denken.

Die Schwiegermutter meines Sohnes meint immer, sie müßte meinem Sohn noch beibringen, was sich gehört und was man tut. Das nervt ihn natürlich. Sie kann sein freies selbstsicheres Auftreten nicht ertragen und meint, er müsse vieles anders machen. Sie ist sehr konservativ. Mein Sohn fällt von einer Ohnmacht in die andere, weil diese Frau meint, ihm in alles hineinreden zu können. Sie steckt ihre Nase wirklich in jede Lappalie. Als wenn sie den ganzen Tag nichts anderes zu tun hätte.

Ich dagegen bin froh, wenn mich meine Kinder nicht zu sehr mit Einzelheiten aus ihrem Leben behelligen. Damit will ich gar nicht belastet werden. Schon deswegen, weil ich selbst immer soviel Probleme hatte, daß ich mich um die meiner erwachsenen Kinder nicht auch noch kümmern will. Ich bin froh, daß ich nicht den Drang habe, alles wissen zu wollen, daß ich das nicht brauche, so übermäßig am Leben meiner Kinder teilzunehmen. Daß ich für mich ein zufriedenes erfülltes Leben mit vielen Interessen habe. Ich habe genug um die Ohren. Ich bin berufstätig – Tierärztin – und habe einen großen Freundeskreis. Und vieles, in das Mütter meinen, ihre Nase stecken zu müssen, sind ja wirklich Lappalien. Dazu habe ich keine Lust. Es gibt doch viel interessantere Dinge im Leben.

Ich bin früher auch nicht zufrieden gelassen worden, ich hatte eine schreckliche Schwiegermutter. Ich habe mich immer furchtbar beobachtet und kritisiert gefühlt. Ich bin ja eher eine nicht-traditionelle Mutter. Ich sage auch nicht, was man tut und was man nicht tut. Ich sage immer »ich«. Deshalb wundert es mich, wie konservativ mein Sohn seine Beziehung angeht. Vielleicht gerade deswegen, weil ich nicht so genau war. Die beiden haben Probleme, wo ich sie nie hätte. Beispielsweise an ihrem Haus, das jetzt fast fertig ist. Da sind sie bis aufs I-Tüpfelchen genau. Manchmal fragen sie mich was, dann sage ich meine Meinung.

Ich finde es hochinteressant, daß mein Sohn und meine Schwiegertochter schon fast spießig sind. Erst war Verlobung, dann Hausbau, jetzt kommt die Hochzeit, und dann soll ein Kind kommen.

Meine Schwiegertochter war vor einiger Zeit schrecklich unglücklich, als sie dachte, sie sei schwanger. Das war noch vorm Hausbau und paßte nicht in den Plan. Da hat sie sich mir anvertraut, weil sie völlig fertig war. Ich hätte es okay gefunden, wenn sie ein Kind bekommen hätte.

Für meine Schwiegertochter muß alles seine Reihenfolge haben. Bei Außerplanmäßigem bricht ihre Welt zusammen. Es war sicherlich eine wichtige Erfahrung, daß sie sehen konnte, daß man nicht über jemanden den Stab bricht, wenn das Leben mal nicht fahrplanmäßig verläuft. Ich habe ihr auch gesagt, wieviel mehr Verständnis man für andere Menschen aufbringen kann, wenn man selbst mal schwierige Situationen durchlebt hat. Bei mir war es so: In Zeiten, wenn ich Kummer hatte, war mein Lernen am stärksten. Ich habe mehr Verständnis für andere bekommen durch eigenes Leiden.

Schön ist, wir fühlen uns ganz sicher miteinander. Ich

würde bei Konflikten nie sagen, mach es mit meinem Sohn so oder so. Mein Sohn kommt manchmal zu mir und sagt: »Ich habe Zoff heute.« Manchmal sagt er auch, um was es geht, aber da sage ich nie viel zu. Ich würde ihre Streitereien nie be- oder verurteilen. Ich kann das beobachten und registrieren. Als etwas, das so ist wie es ist. Ich finde, sie sollen alles in ihrer Art lösen.

Was mir manchmal Probleme macht, bei meiner Schwiegertochter ist alles immer tipptopp und paßt auch farblich genau zueinander, was bei mir nicht unbedingt so ist. Und da ertappe ich mich ab und zu dabei, daß ich fürchte, die gehen nach Hause und sagen: Ihr Badezimmer war mal wieder nicht sauber. Oder: Ihre Bluse war nicht richtig gebügelt. Ich würde nie mit Argusaugen zu ihnen gehen und gucken. Nie! Mal abgesehen davon, daß man sicher vom Fußboden essen könnte.

Wenn Mütter zu sehr auf ihre Söhne fixiert sind, das hat schon gefährliche Augenblicke. Ich habe das selbst erfahren, als ich mich von meinem Mann getrennt habe. Da haben meine Söhne zu mir gehalten und haben mich, als es mir sehr schlechtging, in den Arm genommen und getröstet. Ich habe registriert – sehr bewußt –, daß das eine Situation war, wo meine Söhne in die Männerrolle schlüpften. Die beiden haben mir damals auch geholfen, finanziell klarzukommen. Ich habe gemerkt, man muß die Kurve kriegen und sehr schnell wieder zu sich kommen, eigene Entscheidungen fällen. Sonst besteht die Gefahr, daß ein Sohn den Mann im Haus ersetzt, und das ist keine gute Rolle, finde ich.

Dieses Sich-anlehnen-können an den Sohn, sich aneinander festhalten, war eine schöne Erfahrung für mich, aber sie hat mich nicht eingelullt. Ich wußte genau, ich bin diejenige, die es machen muß. Ich habe sehr schnell die Entscheidungen wieder selbst getroffen.

Es passiert heute ja oft, daß Söhne die Väter ersetzen müssen. Ich kann nachvollziehen, daß man da leicht reinschlittern kann. Man kommt leicht in Versuchung, zu sagen, mir ist das alles viel zu schwer, mein Sohn macht das schon.

Die Gefahr sehe ich darin, daß man seine Kinder nicht mehr loslassen kann. Es entsteht eine unglückselige Abhängigkeit, die das Leben, die Entwicklung und die Entfaltung des Kindes behindert. Und ich kann mir vorstellen, daß aus so einer Abhängigkeit heraus das Gefühl entsteht, man verliere seinen Sohn an eine andere.

Ich habe mit der Zeit das Vertrauen entwickelt, daß meine Kinder ihren Weg gehen. Manchmal mit Umwegen, aber die brauchte ich ja auch. Ich kann meine Kinder ganz gut so lassen, wie sie sind, mit ihren Vor- und Nachteilen. Wenn sie sich auch mühselige Wege suchen. Ich sehe bei beiden Söhnen, sie mußten durch ihre Tiefen gehen, damit sie heute so sind, wie sie sind.

Bei mir ist es ja auch so: ich komme immer wieder zu mir selbst zurück und daß ich so bin, wie ich bin. Daß ich mich so annehmen und akzeptieren kann, wie ich bin. Das ist ein Weg gewesen, oft ein holpriger, nicht immer ganz leicht, aber ich möchte es auch nicht anders haben. Und deshalb denke ich, man kann Kindern nichts abnehmen. Mir hat niemand etwas abnehmen können. Durch das Schwerste bin ich immer alleine gegangen. Ich bin auch nie in die Versuchung gekommen, zu sagen, irgend jemand ist schuld oder ist verantwortlich für mich. Ich weiß, das muß alles so sein, damit man irgendwann erwachsen ist und für sich selber die Verantwortung übernehmen kann.

Wenn ich ein Wort für meine Schwiegertochter finden sollte, fällt mir »Distanz« ein. Ich glaube nicht, daß ich befreundet sein könnte mit ihr. Freunde sucht man sich ja selbst aus, und ich muß sagen, soviel Nähe habe ich nicht. Wenn ich ehrlich bin, glaube ich, ich bin froh darüber.

Nähe bedeutet für mich auch immer, in Anspruch genommen werden. Bei den Kindern ist es ja interessanterweise so, daß man um so mehr in Anspruch genommen wird, je mehr man sie losläßt. Dann sind sie viel anhänglicher. Mein Problem ist, ich muß mich immer wieder abgrenzen. Ich sage meinen Kindern manchmal ab, weil ich Zeit für mich haben will. Ich kann meins nicht immer alles so untergehen lassen. Es stört mich sogar manchmal, wenn die Kinder so häufig kommen wollen. Es stört mein Leben, sie sind jetzt groß, und ich will auch wieder Zeit für mich. Natürlich möchte ich gerne, daß es meinen Kindern gutgeht. Ich möchte nur nicht mehr verantwortlich dafür sein. Sie sind jetzt erwachsen und können das selbst.

Heute weiß ich auch, daß eine Mutter ihren Kindern soviel gibt, wie sie kann. Früher habe ich über meine eigene Mutter oft gedacht, das hätte sie mir geben können und das. Heute sage ich, ich habe meinen Kindern das gegeben, was ich konnte.

7
Sie oder ich?

Dreiecksverhältnisse stecken bekanntlich voller Tük-
ken. Jeder, der schon einmal zu dritt in Urlaub gefahren ist, kennt das: Fast immer ergibt sich ein Ungleich-
gewicht der Kräfte. Sind sich zwei der Beteiligten einig,
den Tag faul am Strand zu genießen, fühlt sich der
dritte mies, weil vielleicht er lieber einen Ausflug ins
Landesinnere unternehmen würde. Um nicht als einsa-
mes »drittes« Rad am Wagen zu enden, fügt er sich oder
geht enttäuscht allein auf Tour. Beides kann für ein
oder zwei Tage vollkommen in Ordnung sein. Häuft
sich aber das harmonische Einvernehmen des entstan-
denen Zweierpaares, überziehen dunkle Wolken das
Gemüt des jeweils Ausgeschlossenen. Manche reagieren trotzig oder geben sich betont gleichgültig, so als
wären sie sich selbst vollkommen genug. Andere fordern ihr Recht auf Zuwendung offensiv ein – was den
erhofften Wandel zu einem ausgeglicheneren Kräfteverhältnis auch nicht unbedingt herbeiführen muß. In
jedem Fall ist Ärger vorprogrammiert.
Selten verlaufen Dreiecksverhältnisse, ob im Urlaub
oder im Alltag, auf längere Sicht harmonisch. Das traditionelle Dreieck Mutter-Sohn-Partnerin ist da keine
Ausnahme. Im Gegenteil: Die Konstellation ist um so
konfliktträchtiger, weil das Kräfteverhältnis von vornherein ungleichgewichtig ist. Der Mann in der Mitte ist
fast immer der Umworbene. Er hat die »Macht«, sich
der einen oder anderen »seiner beiden Frauen« inten-

siver zuzuwenden. Mutter und Partnerin dagegen haben erst einmal wenig gemein, außer daß sie am gleichen Mann interessiert sind. Mütter können dabei auf ihre angestammten Rechte hoffen. Allerdings: Partnerinnen haben ein akutes Vorrecht, denn schließlich leben sie mit dem Mann zusammen.

Naturgemäß müßte also das Verhältnis der Mutter zum Sohn mehr und mehr an Gewicht verlieren. Tatsächlich aber begnügt sich die Mutter deswegen oft noch lange nicht mit dem schwächeren Part im Dreieck. Erstens kann sie auf die bindende Kraft der ersten Lebensjahre des Sohnes zurückgreifen, in denen sie absolutistisch regierte. Zweitens kann sie sich relativ sicher sein, daß sich Männer zwar von ihren Frauen trennen, aber nicht wirklich von ihren Müttern. Diese Verbindung hält in der Regel lebenslang, die zwischen Mann und Frau im statistischen Schnitt gerade mal neun Jahre.

Diesen »Heimvorteil« nutzen manche Schwiegermütter ausgiebig, wie wir schon im Kapitel »Schwiegermutter-Bilder« ausführlich beschrieben haben. Ihr mitunter krampfhaft klammerndes Interesse am Sohn kann sich zum Prüfstein der Beziehung zwischen Mann und Frau entwickeln. Oft genug, erfahren Psychologen in paartherapeutischen Sitzungen, kriselt es nur scheinbar zwischen den Ehepartnern, tatsächlich aber droht das Paar am fragilen Dreiecksverhältnis mit der Mutter zu zerbrechen.

Ein solches Mißverhältnis entwickelt sich häufig auf dem Schleichweg in die Partnerschaft. Je subtiler die Bindung zwischen Mutter und Sohn, desto schwieriger ist die Ursache für das Kränkelnde in der Partnerschaft zu erkennen. Die Ansprüche einer Mutter können eine Partnerschaft dominieren, ohne daß die Beteiligten den Grund dafür entdecken. Oder überhaupt entdecken wollen.

Denn die (Schwieger-)Mutter hat per se kein Interesse daran, als die Klammernde geoutet zu werden. Der Sohn-Partner oft ebensowenig: Er empfindet den Unmut seiner Partnerin zwar nicht als angenehm, der jedesmal aufkommt, wenn seine Mutter zu Besuch ist oder er mal wieder stundenlang mit ihr telefoniert hat. Aber er nimmt die spitzen Bemerkungen seiner Partnerin in Kauf. Aus Harmoniesucht, Konfliktscheu oder schlicht aus eigener Bequemlichkeit.

Es liegt also in der Regel in der Hand der Schwiegertochter, gegen das heimliche Bündnis Mutter-Sohn aufzubegehren. Wenn sie es früh genug als solches erkennt! Sie ist diejenige, die von ihrem Mann einfordern muß, sich eindeutig zur Partnerschaft zu bekennen. Denn von selbst wird er sich selten die Finger verbrennen wollen.

Grundsätzlich, lehrt uns die Psychologie, ist das offene Gespräch langfristig »gesünder« für alle Beteiligten als ein ängstliches Ausweichen: Je früher das »leidige Thema« auf den Tisch kommt, desto größer sind die Chancen, einen familiären Eklat zu vermeiden. Denn wenn beide verdrängen, daß ein Problem mit der Sohnesmutter existiert oder es nicht durchschauen, kann sich der Konflikt um ein Vielfaches verstärken.

Verdrängung kann sich dann sogar zur Schlüsselfrage ausweiten: Sie oder ich? Mit anderen Worten: Willst du dich weiter unter ihren Fittichen sonnen, oder bist du bereit, dich unserer Partnerschaft voll und ganz zu stellen? Wohl keine Frau stellt solche Fragen gern. Auch wenn die Lage noch so mutterlastig zu sein scheint. Zweifel kommen auf: Habe ich überhaupt ein Recht dazu? Hat eine Mutter nicht zu Recht auch Ansprüche? Verliere ich ihn womöglich, weil seine Bindung zu seiner Mutter stärker ist als die zu mir?

Dabei muß es nicht einmal um pure Macht gehen. Es

steht viel mehr auf dem Spiel: die eigenverantwortliche, selbstbestimmte und tatsächlich partnerschaftliche Beziehung. Unter diesen Vorzeichen hat auch die »Sie oder ich«-Frage eine Berechtigung. Dabei geht es idealerweise nicht um Schuldzuweisungen, sondern um die gemeinsame Zukunft. »Besser ein reinigendes Gewitter als zwanzig kalte Regengüsse«, sagt dazu ein altes skandinavisches Sprichwort.

Denn oft ist die ultimative Haltung »Sie oder ich« nur die letzte Konsequenz von zu lange zurückgehaltener Kritik, übertriebener Vorsicht und verfehlter Rücksichtnahme. Viel Streit, Mißverständnisse und Kränkungen könnten in der Partnerschaft vermieden werden, wenn früher erkannt und thematisiert würde, wo der Stein des Anstoßes liegt – im Dreiecksverhältnis von Mutter, Sohn und Partnerin.

Gespräch mit der Hamburger Psychologin Catharina Aanerud über die Möglichkeiten, sich in einem Konflikt mit der Schwiegermutter »richtig« zu verhalten:

Mütter können bekanntlich ein sehr einnehmendes Wesen haben, wenn es um ihren Sohn geht. Müssen Ehefrauen oder Partnerinnen deshalb gleich hellhörig werden, wenn sich ihre Schwiegermütter um einen guten Kontakt zu ihnen bemühen?

Aanerud: Ein intensiver Kontakt zwischen den beiden ist natürlich nicht von vornherein bedenklich. Diese Grundregel gibt es nicht, und man würde mit ihr auch niemandem gerechtwerden. Es gibt schließlich auch so etwas wie spontane Sympathie zwischen Schwiegermutter und Schwiegertochter. Oder es entstehen Situationen, in denen es beide als angenehm empfinden, sich über den »Hahn im Korb« und seine Marotten von Frau zu Frau auszutauschen. Das ist alles o.k., solange keine intriganten Elemente darin enthalten sind. Kommen der Schwiegertochter allerdings Zweifel an den guten Absichten der Schwiegermutter, sollte sie genauer hinsehen, ob ein bestimmtes Interesse, beispielsweise hinter einer scheinbar unverfänglichen Neugierde der Schwiegermutter, steckt. Falls sie zum Beispiel das Gefühl nicht los wird, daß die Schwiegermutter nicht wirklich an ihr interessiert ist, sondern über den Kontakt zu ihr nur den Einfluß auf ihren Sohn aufrechterhalten will, ist es ihr gutes Recht, den Telefonhörer freundlich, aber direkt an ihren Mann weiterzureichen.

Was nicht jeder Frau leichtfällt, weil sie der »fremden« Schwiegermutter gegenüber nicht unhöflich sein möchte.

A.: Das ist sicher auch eine Frage diplomatischen Geschicks. Sie muß ja nicht gleich mit dem Holzhammer kommen. Manchmal kann ein freundliches Wort oder eine nettgemeinte Geste schon Wunder wirken. Auch eine Schwiegermutter möchte Bestätigung und Anerkennung für die Mühen ihrer Erziehungsarbeit, selbst wenn dabei vielleicht einiges danebengegangen ist.

In Beziehungen wird häufig mit taktischem Schweigen »gearbeitet«. Ist diese Form der Informationsverweigerung gegenüber der Schwiegermutter gerechtfertigt?

A.: Es ist insofern gerechtfertigt, als die Beziehung zwischen Mann und Frau die primäre Einheit darstellen

172

sollte. Bei einer Schwiegermutter mit einem sehr einnehmenden Wesen etwa, kann es durchaus ratsam sein, ihr nicht jedes Problem brühwarm unter die Nase zu reiben, das man gerade mit ihrem Sohn hat. Ebenso kann es sinnvoll und für alle Beteiligten entlastend sein, eine Schwiegermutter, die sich ständig Sorgen macht und mit guten Ratschlägen ihren Sohn vor jedem kleinsten Irrweg bewahren möchte, wichtige Entscheidungen, zum Beispiel für einen Berufs- oder Ortswechsel, erst dann mitzuteilen, wenn man sich mit seinem Partner tatsächlich geeinigt hat.

Mütter mischen sich bekanntlich gern und oft in die Lebensführung ihrer Kinder ein. Wer ist für die genervte Schwiegertochter in diesem Fall der richtige Konfliktpartner, die Schwiegermutter oder der Sohn-Partner?

A.: Es kommt natürlich auf die Situation an. Mischt sie sich beispielsweise offen ein, sollte die Schwiegertochter ihre Bedenken möglichst sofort und im Beisein des Mannes ansprechen. Denn häufig versuchen Schwiegermütter mit ihrer Einmischung die neue familiäre Einheit von Sohn und Schwiegertochter, die sie nicht oder noch nicht akzeptieren können, zu untergraben. Je klarer sich das Paar darüber verständigt hat, wie es lebt, wie es seine Wohnung einrichten und wie es die Kinder erziehen will, desto weniger kann die Schwiegermutter ausrichten. Wenn die Schwiegertochter ihren Mann nicht von ihrer Sichtweise überzeugen kann, sollte sie sich separat mit ihm auf einen tragfähigen Kompromiß einigen. Schwierig wird es immer dann, wenn der Mann die Ansichten seiner Mutter im Grunde teilt, das aber nicht offen seiner Frau gegenüber zugibt.

Was tun, wenn er keine Stellung bezieht, weil er es sich mit keiner seiner beiden Frauen verderben will?

A.: Das muß sie mit ihm allein klären, da sollte sie die Schwiegermutter nicht mit hineinziehen. Sonst läuft sie Gefahr, sich gleich zwei Feinde zu machen. Schließlich ist er es, der begreifen muß, daß er sein Leben jetzt mit ihr lebt, und ihn das ein gutes Stück wegführt von seiner Mutter. Das ist oft schwierig für Männer mit dominanten Müttern, weil sie nie eigene Vorstellungen entwickelt haben. Ihnen fällt es entsprechend schwer, sich darauf einzustellen, daß sie ihr Leben jetzt mit einer Frau zusammen gestalten, die womöglich nicht nur ihre eigenen Ideen und Meinungen hat, sondern das gleiche auch von ihm erwartet. Verleugnet er seine eigenen Ansichten, indem er die Verantwortung lediglich an eine neue »Mutter«, an seine Frau, abgibt, läuft er Gefahr, daß sie die Achtung vor ihm verliert. Ein Mann, der es nicht schafft, sich von seiner Mutter abzugrenzen, setzt den Respekt seiner Partnerin aufs Spiel.

Die Frau von heute fordert seine selbstbewußte Abnabelung von der Mutter?

A.: Ja, sicher viel mehr als früher. Die meisten Frauen wollen einen selbstbewußten Mann, der auf eigenen Füßen steht, und kein Muttersöhnchen. Was nicht ausschließt, daß sie ihm in seinen Bemühungen sich freizustrampeln den Rücken stärkt. Es gibt natürlich auch Frauen, die es irgendwann aufgeben, ihren Mann auf seine übertriebene Abhängigkeit von der Mutter hinzuweisen. Sie resignieren, ziehen sich zurück, weil sie sich machtlos fühlen. Daraus können allerdings gefährlich schwelende Konflikte entstehen, die irgendwann auf Nebenschauplätzen ausgetragen werden. Das sind dann oft diese Lappalien, von denen keiner der beiden mehr so richtig sagen kann, warum man sich überhaupt streitet.

Typisch für Dreiecksverhältnisse ist, daß sich einer als drittes Rad am Wagen fühlt ...

A.: Die Triade Mutter, Sohn und Schwiegertochter ist ein ganz besonderes Verhältnis und erfordert von allen drei Seiten immer eine gehörige Portion Geduld, guten Willen und vor allem Respekt füreinander, um das Verhältnis in harmonische Bahnen zu lenken.

Das klingt ideal. Aber was, wenn die Vernachlässigte mit allen Mitteln um stärkeren Einfluß kämpft? Wie kann sich die Schwiegertochter zum Beispiel dagegen wehren, daß die Schwiegermutter sie über ihren Sohn aushorcht, weil sie an ihn selbst nicht herankommt?

A.: Aushorchen lassen sollte sich die Schwiegertochter auf keinen Fall. Das wäre Tratsch hinter dem Rücken ihres Partners und letztlich ein Vertrauensbruch ihm gegenüber. Sie sollte sich davor hüten, seiner Mutter allzu viele Informationen über den Mann zu geben. Besonders wenn er ihr zu verstehen gibt, daß ihm die Einmischung seiner Mutter auf den Geist geht. Dann sollte sie ihrer Schwiegermutter unmißverständlich sagen: Wende dich an deinen Sohn. Ansonsten hat sie nicht nur ein Problem mit einer überneugierigen Schwiegermutter, sondern auch mit ihrem Mann. Sie droht zwischen zwei Fronten zu geraten, an denen sie eigentlich gar nichts verloren hat. Im schlimmsten Fall kann das ja auch eine Falle sein, mit der die Schwiegermutter, wenn auch unbewußt, das Paar gegeneinander ausspielen will. Schon deshalb sollte sie offen mit ihrem Mann darüber sprechen. Gemeinsam mit ihm kann sie zum Beispiel eine Art Informationspool bilden von unverfänglichen Erlebnissen und Neuigkeiten, die die Schwiegermutter ruhig erfahren kann. So kann man ihr zumindest das Gefühl vermitteln, nicht ausgeschlossen zu sein.

Schwierig wird es dann, wenn der Mann seiner Frau gegenüber nicht eingestehen will, daß er unter der neugierigen Fragerei seiner Mutter leidet. Das kann verpflichtende Schuldgefühle als Hintergrund haben, deren er sich nicht einmal bewußt sein muß. Es ist allerdings auch möglich, daß er aus Bequemlichkeit ganz gern den Kontakt zur Mutter seiner Partnerin überläßt.

Was können Frauen tun, wenn sich Schwiegermütter bei ihnen beschweren, daß sich der Sohn-Partner nicht genügend um sie kümmert, sie vernachlässigt?

A.: Mit der Situation haben Schwiegertöchter wahrscheinlich die allerwenigsten Probleme. Sie kann die Beschwerde an ihren Mann weitergeben und mit ihm darüber sprechen. Oder versuchen, falls sie daran interessiert ist, etwas über die familiäre Vorgeschichte zu erfahren, warum er sich so abweisend seiner Mutter gegenüber verhält. Möglicherweise erfährt sie dabei etwas über für sie unerklärliche Verhaltensweisen und Marotten ihres Mannes, deren Hintergründe sie bis dahin nicht durchschaut hat. Oder nur geahnt hat, daß sie etwas mit seiner Mutter zu tun haben könnten. Insofern kann sie ihren Mann auf diese Weise sogar besser kennenlernen.

Ganz anders verhält es sich, wenn die mangelnde Aufmerksamkeit des Sohnes für seine Mutter von der

Schwiegertochter selbst forciert wird, aus übertriebener Eifersucht oder weil sie will, daß er sich weiter von seiner Mutter abnabelt. Eine sensible Mutter spürt das, und womöglich spricht sie deswegen ihre Schwiegertochter und nicht ihren Sohn an. In dem Fall hat die Schwiegertochter zu Recht den Schwarzen Peter und sollte sich auch direkt mit ihrer Schwiegermutter auseinandersetzen. Inwieweit dies gelingt, hängt von der Qualität der gemeinsamen Wellenlänge ab und natürlich davon, welche Beziehung sie zu ihrer Schwiegermutter anstrebt: Ob sie in gutem Einvernehmen leben oder häufige Kontakte lieber meiden will. Auch das ist ihr gutes Recht, schließlich hat sie den Mann und nicht seine ganze Familie geheiratet. Es sei denn, es geht ihr nur um den eifersüchtigen Alleinanspruch auf den Mann. Sie setzt sich allerdings dann ins Unrecht, wenn sie hintenherum ein falsches Spiel treibt, indem sie ihren Mann gegen seine Mutter aufhetzt. Auch für Schwiegertöchter gilt: Sie sollten ihre Schwiegermütter zumindest so fair behandeln, wie sie selbst einmal von ihren zukünftigen Schwiegertöchtern behandelt werden wollen.

Das klingt gut. Aber was tun, wenn die Schwiegermutter dennoch ständig auftaucht oder anruft? Weil die Kinder ihr nun mal das Wichtigste im Leben sind, wie sie gern betont. Oder weil sie allein und einsam ist, was rein demographisch ja nicht selten tatsächlich der Fall ist?

A.: Jeder Mensch kann immer nur seine eigene Toleranzgrenze setzen. Wenn es der Schwiegertochter zuviel wird, daß die Schwiegermutter ständig aufkreuzt oder einfordert, mindestens einmal die Woche besucht zu werden, sollte sie sich äußern. So sanft und gleich-

zeitig so bestimmt wie möglich. In krassen Fällen kann
es dennoch zum Eklat führen, der sich mit Rückendek-
kung des Partners natürlich immer besser durchstehen
läßt. Danach ist vielleicht erst einmal für eine Weile
Funkstille, aber langfristig kann das Verhältnis nur besser werden.

Am Eklat kommt man nicht vorbei?

A.: Bei besonders penetranten Schwiegermüttern vermutlich nicht. Es sei denn, man hat ein hervorragendes
Gespür für den »richtigen« Zeitpunkt für eine Kritik,
erwischt den »passenden« Ton, und die Schwiegermutter ist dazu noch in der Lage, die Position einer anderen
Frau auch gegen ihre eigenen Bedürfnisse nachzuvoll-
ziehen. Aber ein Eklat muß ja keinen endgültigen
Bruch zur Folge haben. Er kann sogar eine ausgesprochen bereinigende, klärende Wirkung auf alle Beteiligten haben, weil er Grenzen aufzeigt.

**Was kann denn die Schwiegertochter tun, wenn sie
mitbekommt, daß ihre Schwiegermutter sie beim Sohn
ständig schlechtmacht?**

A.: Das ist schlimm und darüberhinaus auch sehr
dumm von der Schwiegermutter, weil sie damit das
Vertrauen der Schwiegertochter in sie total untergräbt.
Außerdem weiß sie ja nicht, ob und was ihr Sohn und
die getadelte Schwiegertochter hinterher miteinander
besprechen. Häufig ist es übrigens die Berufstätigkeit
der Schwiegertochter, die einer (Hausfrau-)Schwieger-
mutter ein Dorn im Auge ist und wo sie bei ihrem Sohn
den Hebel ansetzt. Gelegentlich rennt sie dabei sogar
offene Türen ein. Das ist für die Schwiegertochter natürlich bitter. Denn sie erwartet zu Recht Loyalität von

ihrem Mann und fühlt sich hintergangen, wenn sie annehmen muß, daß ihr Partner die Vorwürfe insgeheim teilt. Dann fragt sie sich verständlicherweise, warum sagt er mir das nicht selbst.

Viele Mütter haben Wunschbilder von einer Schwiegertochter im Kopf, denen die reale Frau nicht entsprechen kann und es auch gar nicht unbedingt will. Ist er ein »Laumann«, will sie eine Frau für ihn, die antreibt. Ist er eher jemand, der zu übertriebener Hektik und Jähzorn neigt, wünscht sie ein Wesen an seiner Seite, das besänftigend auf ihn einwirkt usw.

A.: Das tückische an Idealbildern ist, daß niemand ihnen gerecht werden kann. Vielleicht fehlt dem Schwiegersohn ja auch einiges, was dem Idealbild seiner Partnerin entspricht. Im übrigen: Warum sollte sich die Schwiegertochter dem Wunschbild der Schwiegermutter anpassen und sich damit zum Vehikel ihrer Wünsche machen. In jedem Fall ist es die Aufgabe des Mannes, die Vorstellungen seiner Mutter geradezurükken, wenn sie ihre Schwiegertochter nicht direkt damit konfrontiert.

Was aber, wenn er es nicht schafft, seiner Mutter das Traumbild auszureden? An wen soll sich die Schwiegertochter dann wenden?

A.: Sie sollte ihrem Mann klarmachen, daß seine Mutter ihre Kritik direkt an sie richten möge und nicht ihn dafür einspannen darf. Denn eine heimliche Allianz von Mutter und Sohn, die sich gegen sie richtet, ist so ziemlich die übelste Form der Einmischung in eine Ehe und steht niemandem zu, auch seiner Mutter nicht.

Wie kann sich eine Schwiegertochter diese Einmischung verbieten? Können Vereinbarungen helfen, die sie mit ihrem Mann trifft, beispielsweise daß er mit seiner Mutter nicht mehr über seine Frau spricht?

A.: Vereinbarungen haben immer etwas Statisches, darüber muß man sich im klaren sein. Sie bergen die Gefahr in sich, daß man nicht mehr flexibel auf sich verändernde Situationen reagiert. Dennoch können sie für eine bestimmte Zeit hilfreich sein, auch damit beiden bewußt wird, daß sie an einem Strang ziehen sollten. Das gilt ganz besonders, wenn Enkelkinder ins Spiel kommen, also um sich in Erziehungsfragen nicht gegeneinander ausspielen zu lassen. Wenn sich Vater und Mutter auf eine grundlegend gemeinsame Linie geeinigt haben, können selbst besserwisserische Schwiegermütter nicht mehr allzuviel ausrichten. Apropos Enkelkinder: Man sollte nicht vergessen, daß sie eine durchaus positive Wendung in die Beziehung zwischen Schwiegertochter und Schwiegermutter bringen können. Wenn Schwiegermütter beispielsweise bereit sind, die lieben Kleinen gelegentlich zu hüten. Vorausgesetzt, man kann sich über Erziehungsregeln einigen. Auch Männer begreifen oft erst durch eigene Kinder, daß sie sich stärker der eigenen Familie zuwenden und sich infolgedessen von ihren Müttern mehr abgrenzen müssen.

Ist es gerechtfertigt, dem Mann bei einer penetranten Einmischung durch die Schwiegermutter die »Sie oder ich«-Frage zu stellen?

A.: Ob berechtigt oder nicht, in sehr krassen Fällen wird es zwangsläufig dazu kommen. Manchmal hat die Schwiegertochter keine andere Chance, ihrem Mann die Brisanz der Situation vor Augen zu führen. Dennoch sollte sie sich kritisch fragen, welche Aktien sie in diesem Konflikt hat. Für extrem eifersüchtige Frauen kann es schon ein Problem sein, wenn sich ihr Mann ab und zu ausgiebig seiner Mutter zuwendet. Für sie bleibt seine Mutter als erste Frau in seinem Leben mit ihren vielen Insiderkenntnissen immer eine Neben-buhlerin.

Wie kann die Schwiegertochter prüfen, ob sie sich besser noch einmal auf überzogene Eifersucht prüfen sollte oder ob sie ihren Mann berechtigt vor die Wahl »Sie oder ich« stellt?

A.: Sie kann sich an neutrale Vertraute wenden. Vor-ausgesetzt sie schildert ihre Sichtweise ehrlich, erhält sie Rückmeldungen, ob sie auf dem völlig falschen Dampfer ist oder nicht. Außerdem wird sie in der Regel feststellen, daß die meisten ähnliche Konflikte kennen. Allein das kann schon die eigene Not mit der Schwie-germutter relativieren. Und, was noch hilfreicher sein kann, sie erfährt, wie sich andere in ähnlichen Situatio-nen verhalten haben und was dabei herausgekommen ist. Das können sehr wertvolle Tips sein, auch wenn je-des Dreiecksverhältnis zwischen Mutter, Sohn und Partnerin unterschiedlich ist.

Eva, 28, Verwaltungsangestellte
»Ich war nur als Bettgeschichte geduldet.«

Ich werfe nicht schnell die Flinte ins Korn. Aber die Mutter meines damaligen Freundes hat mich so gede-mütigt, daß ich ihn vor die Alternative gestellt habe: Sie oder ich.

Schon, als ich das erste Mal bei ihr war, behandelte sie mich wie ein überflüssiges Anhängsel. Sie hatte sich in den Kopf gesetzt, daß ihr Sohn eine »gute Partie« macht. »Geld gehört zu Geld«, sagte sie immer. Mein Freund – Christian – kam aus einer wohlhabenden Familie. Alteingesessene Juristen, große Rechtsanwalts- und Notarpraxis. Christian war zwar aus der Art geschlagen – Staatsanwalt –, aber immerhin auch Jurist. Ich bin Verwaltungsangestellte bei Gericht, und dort bin ich ihm auch über den Weg gelaufen. Er in schwarzer Robe, ich im geblümten Sommerkleid. Ich bin ein Typ für den zweiten Blick. Rote Haare, helle Haut, Sommersprossen, Brille. Klein und relativ schmal. Christian hat später gesagt, er habe sich sofort in mich verliebt, ich sei optisch seine Traumfrau. Wir sind lange miteinander »gegangen«, bis er mir einen Heiratsantrag gemacht hat. Wildromantisch, bei einer Bootsfahrt auf einem Bergsee. Ich war selig. Zu Hause hat er mich erst nach einem weiteren Jahr vorgestellt. Da hat er sich sehr viel Zeit gelassen. Er sprach zwar immer von Heirat, aber nie von einem Hochzeitstermin. Der lag wohl für ihn noch in weiter Ferne.

Ich war ziemlich eingeschüchtert von dieser Riesenvilla, in der seine Eltern wohnten. Die hatten ein Badezimmer, größer als das Zimmer, das ich früher mit meiner Schwester geteilt habe. Schwarz-weiß, sogar die Handtücher und Waschlappen. Und alles sehr teuer, Marmor mit Goldarmaturen. Ein Wohnzimmer, wie das von Hillary und Bill Clinton. Habe ich mal in einer Illustrierten gesehen. Amerikanischer Stil. Hinter der Villa ein Park – Garten konnte man das nicht mehr nennen.

Für seine Mutter war ich wohl *die* Enttäuschung schlechthin. »Mädchen aus einfachen Verhältnissen«, wie meine Schwiegermutter sich auszudrücken pflegte, waren nur als Bettgeschichten geduldet. Männer müssen sich ja vor der Ehe austoben. Aber ernstzunehmen waren sie nicht. Und so wurde ich behandelt. Nicht unhöflich – man hat ja Stil –, aber mit einer Freundlichkeit, die man auch dem Postboten gegenüber hat. Etwas gönnerhaft. Eben wie eine vorübergehende Affaire. Ich habe einmal ein Telefongespräch mitbekommen, da sagte sie: »Ich verstehe gar nicht, warum er sie uns vorgestellt hat. Hat er doch sonst mit seinen Betthäschen nie gemacht.« Das hat mich tief verletzt.

Ich habe Christian dann gesagt, er solle seiner Mutter klaren Wein einschenken und ihr sagen, daß er mich liebt und heiraten wird. Da hat er gesagt: »Das kann ich ihr zehnmal sagen, sie akzeptiert es nicht.«

Ich kam bald dahinter, daß sie bereits eine Frau für ihn ausgeguckt hatte. Und es ist einmal vorgekommen, daß Christian wegen einer »dringenden Familienangelegenheit« nach Hause bestellt wurde und dort ein gemeinsames Abendessen arrangiert worden war. Diese Frau, die er kennt, seit er ein kleiner Junge ist, war auch da. Ich war natürlich nicht eingeladen. Da ist mir das erste Mal der Kragen geplatzt. Ich habe meinen Freund vor die Wahl gestellt, entweder du sagst klipp und klar, daß ich deine Frau werde, oder ich mache das alles nicht länger mit. Er behauptete danach, er habe mit seiner Mutter gesprochen. Es änderte sich aber nichts. Christian ist der einzige Sohn. Er hat noch eine Schwester, die ist zehn Jahre jünger. Ein Nachkömmling. Meine Schwiegereltern in spe halten sehr auf Tradition, sind »wertekonservativ«, wie sie sagen, ich sage »konservativ«. Der »Stammhalter« in der Familie hat bestimmte Aufgaben zu übernehmen, bestimmte Pflichten. Abgesehen von seinem beruflichen Werdegang, vor allem die, daß man sich passend verheiratet, die Familie nach außen mit der richtigen Frau repräsentiert. Und was das anging, hatte ich keine Chance. Ich war nun mal nicht passend. Und das war auch nicht meine Welt. Manchmal kam ich mir vor wie ins Mittelalter zurückversetzt.

Ich habe lange über die Rolle, die mein Freund zu spielen hatte, nachgedacht. Er ist sehr in seinen Kreisen verhaftet, stellt sie nicht in Frage und hat sich auch nie gegen bestimmte Regeln aufgelehnt. Ich kam zu dem Ergebnis, daß es vielleicht wirklich für ihn besser ist, standesgemäß zu heiraten, sonst bekommt er sicher später Probleme mit seiner ihm zugedachten Rolle. Und der Druck seiner Mutter war immens groß. Ich dachte auch das erste Mal darüber nach, welchem Druck ich durch diese Heirat ausgesetzt sein würde.

Ich war nicht bereit, diese Beziehung auf die leichte Schulter zu nehmen. Schließlich suchte ich einen Mann fürs Leben, wollte Familie und Kinder. Ich liebte Christian. Ich beschloß, meinem zukünftigen Mann alles ruhig, vernünftig und sachlich in gelöster Atmosphäre zu sagen, damit er Gelegenheit hatte, in Ruhe darüber nachzudenken. Ich habe ihn zum Essen eingeladen. Und bei diesem Essen habe ich ihm meine Gedanken mitgeteilt und ihm sogar vorgeschlagen, daß wir unsere Beziehung beenden. Daß mir das natürlich nicht leichtfiele, aber daß ich doch immer klarer sehen würde, welche Probleme auf uns zukämen.

Er war bestürzt. Offenbar sah er die Probleme anders als ich. Oder er kehrte sie unter den Teppich. Auf jeden Fall wollte er nichts davon wissen, unsere Beziehung zu beenden. Ich habe ihm danach eine letzte Chance gegeben, die Verhältnisse klarzustellen, reinen Tisch bei seiner Mutter zu machen. Er hat es hoch und heilig versprochen.

Aber mein Gefühl, gegen Windmühlenflügel zu kämpfen, blieb. Ich wurde von seiner Mutter nicht respektiert. Ich wurde weiter von oben herab behandelt. Etwa drei Wochen später traf ich seine Mutter mit einer Freundin in der Stadt. Wir liefen direkt aneinander vorbei, so daß sie mich einfach nicht übersehen konnte. Da blieb sie stehen, begrüßte mich scheinheilig lächelnd, und dann sagte sie in einem lauernd boshaften Ton zu ihrer Freundin: »Darf ich dir Eva Jungblut vorstellen? Eine entzückende kleine Frau. Eine von Christians zahlreichen Eroberungen.« Das hat gesessen. Ich konnte überhaupt nicht reagieren. Das war wie eine Ohrfeige. Ich bin in Tränen ausgebrochen, ich fühlte mich behandelt wie der letzte Dreck. Eine von seinen zahlreichen Eroberungen. Da war mir mit einem Schlag klar, daß Christian seiner Mutter überhaupt nichts gesagt hatte. Den Kopf in den Sand gesteckt hatte er. Dieser Feigling. Bloß keine Entscheidung treffen. Sich bloß nicht zu mir bekennen. Und nachdem ich einen Nachmittag lang wie wild geheult hatte, habe ich beschlossen, sie oder ich. Mit dieser Person wollte ich nichts mehr zu tun haben. Ich habe noch am gleichen Abend meinen »zukünftigen Mann« vor die Wahl gestellt. Er hat gesagt: »Ich kann mich nicht gegen meine Mutter entscheiden. Aber dich will ich auch nicht verlieren.« Da bin ich gegangen.

8
Schöne Aussichten?

»Brave Mädchen« sind davon überzeugt: Am Ende
wird es sich lohnen, brav gewesen zu sein; und »böse
Mädchen« werden schon irgendwann ihr Fett abbe-
kommen. Ein Trugschluß mit Tradition, der sich trotz
vieler gegenteiliger Erfahrungen lange gehalten hat.
Das »Brave-Mädchen-Syndrom« mag im Beruf auch
heute noch in Einzelfällen Gültigkeit haben. Im Privaten kann es sich nur noch mühsam behaupten. Trotz
des aktuellen Trends zur Rückbesinnung auf konservative Werte: Frauen wollen sich in der Regel nicht mehr
auf die seit Generationen festgeschriebenen Rollenvor-
gaben beschränken. Sie wollen ihr Leben selbst bestimmen. Frauen lebten, dachten und fühlten sich wohl
nie so unabhängig von gesellschaftlichen Konventionen wie heute.
Ob, wie und mit wem sie Tisch und Bett teilen, wie sie
ihre Kinder erziehen, was und wieviel sie arbeiten und
wie intensiv sie den Kontakt zur Verwandtschaft pflegen – alles das wollen sich Frauen nicht mehr von
irgendwelchen fremdbestimmten, überholten Sitten-
vorschriften oder Gewohnheitsrechten vorschreiben
lassen. Selbst wenn Frauen – was nach den jüngsten
Trendmeldungen aus der Regenbogenpresse immer
häufiger vorkommt – letztlich gar nicht viel anders leben wollen als ihre Mütter oder Großmütter, auch dazu
wollen sie sich aus freien Stücken entscheiden.
Entsprechend selbstbestimmt gestalten viele Frauen

mittlerweile auch ihr Verhältnis zur Schwiegermutter. Galt die Schwiegermutter früher als unumstößliche Institution mit festen Rechten und Pflichten in der Mehr-Generationen-Familie, der sich die familienfremde, weil eingeheiratete Ehefrau ganz selbstverständlich unterzuordnen hatte, wird das Verhältnis heute langsam anders. Der schwiegermütterliche Einfluß ist zwar immer noch vorrangig von der Bindung zum Sohn geprägt, mehr und mehr aber auch abhängig vom Einverständnis, Interesse und guten Willen der Schwiegertochter.

Das bringt Probleme, weil viele Schwiegermütter, die ihre eigenen Vorstellungen vom Verhältnis zur Partnerin ihres Sohnes sozusagen »von zu Hause« mitbringen, ihnen nicht folgen können oder wollen. Nach außen und im allgemeinen gestehen sie der neuen Generation von Frauen und Müttern mehr Eigenständigkeit zu. Im Stillen und besonders, wenn es um ihren eigenen Sohn geht, plädieren sie jedoch wieder für die altbekannte Rollenverteilung. Sie verfahren dann nach dem Motto »Wenn es um das Wohlergehen meines Sohnes geht, bin ich sehr eigen«, und sie erwarten, daß sich ihre Schwiegertochter mütterlich sorgend um den Mann kümmert. Und so geben sie weiter ungebetene Tips, mischen sich ein.

Zunehmend machen sich Schwiegertöchter heute jedoch eine ziemlich genaue Vorstellung davon, wieviel Platz sie der Schwiegermutter in ihrem Alltag einräumen wollen. Nur die wenigsten Ehefrauen sehen sie automatisch »wie eine zweite Mutter« oder obligatorische Lebensberaterin, die sie im Paket gleich mitheiraten. Im Idealfall wünschen sie sich ihre Schwiegermutter als »Partnerin«. Älter und erwachsener zwar als sie selbst, aber dennoch im Grunde gleichberechtigt. Als jemanden, der ihnen keine altklugen Vorschriften macht, sondern sich vielmehr als Frau mit ihnen solidarisiert. Mit der sie sich auch mal bedenkenlos über den Partner unterhalten können, ohne gleich Gefahr zu laufen, eventuell ausgeplauderte Intimitäten irgendwann später am Familientisch aufs Butterbrot geschmiert zu bekommen.

Das kann funktionieren. Heute mehr denn je, denn die Zahl der »jungen Alten« steigt. Mütter und Schwiegermütter, die mit viel Energie ihre eigenen Interessen und Kontakte aufbauen und pflegen. Die ihre Grundstimmung nicht mehr davon abhängig machen, ob und wie der Sohn mit Beruf und Ehefrau klarkommt.

Mittlerweile dringt eine schon betagte Erkenntnis auch in den familiären Alltag vor: Genausowenig wie man aus seinem Partner einen anderen Menschen machen kann, können sich Schwiegermütter ihre Schwiegertöchter zur idealen Person erziehen. Und umgekehrt!

Bleibt es bei dem »Trend« zur unabhängigen Vitalität im Alter (und demographisch sieht es ganz danach aus), dann könnten sich im Verhältnis zwischen Schwiegermutter und -tochter künftig sogar neue Werte durchsetzen:

- ein beiderseitiger Respekt vor unterschiedlichen Wünschen, Hoffnungen und Lebensentwürfen
- das Lernen von den Erfahrungen des anderen, ohne ihn deswegen in eine familienethische Pflicht zu nehmen
- der Abbau gegenseitiger Vorurteile, um sich auf einer toleranten Grundlage und von moralischen Ansprüchen unbeschwert, neu aufeinander einzulassen.

Aus Respektlosigkeit könnte so Toleranz werden, aus Toleranz schließlich Akzeptanz. Das allerdings hoffte auch schon Goethe: »Toleranz sollte eigentlich nur eine

vorübergehende Gesinnung sein: Sie muß zur Anerkennung führen.«

Beate, 33, Yogalehrerin, zwei Kinder
»Es ist wichtig, eine Brücke zu älteren Menschen zu schlagen«

Ich war schockiert über die Respektlosigkeit, die mein
Mann seiner Mutter gegenüber an den Tag legte. Mein
Mann hielt wenig von seiner Mutter. Er sagte beispielsweise nie, wann er nach Hause kam. Was mich ganz
stark gewundert hat: Sie hat immer gewartet, hat nie
gefordert, daß er sich anders benimmt. Erstaunt war ich
auch, daß es ihr scheinbar nichts ausmachte, daß sie
das so hinnahm.
Kennengelernt habe ich sie, da war ich schwanger.
Mein Mann hatte ihr das beiläufig mitgeteilt. Wir waren in einer finanziell völlig unsicheren Situation. Rei-
sten damals durch Europa – in einem umgebauten
VW-Bus. Kamen irgendwann durch seine Heimatstadt
und besuchten also seine Mutter. Sie muß sehr besorgt
gewesen sein über unsere Situation. Sie hat es aber
nicht gezeigt. Das erste, was mir auffiel, war, daß sie
redete, redete, redete, redete ... und meinen Mann und
mich keinmal zu Wort kommen ließ. Das zweite war,
daß sie ständig versucht hat, alles zu verniedlichen. Sie
fand mein Bäuchlein süß, sie hängte an alles ein
...chen. Ihre Kinder waren – obwohl erwachsen – Susannchen und Karlchen. Dabei waren diese Kinder
alles andere als »-chens«. Ihre Tochter ist eine sehr
emanzipierte Frau, die im Leben ihren Mann steht. Sie
ist eher 'ne männliche Frau. Aber für ihre Mutter bleibt
sie wahrscheinlich bis ans Lebensende Susannchen.

Ich glaube, meine Schwiegermutter hätte die Menschen um sich herum gerne so gehabt. Und da habe ich das erste Mal die Distanz meines Mannes zu seiner Mutter verstanden. Sie ging einem gehörig auf die Nerven. Sie gibt sich andererseits unheimlich viel Mühe – und das ist rührend und liebenswert an ihr –, die Menschen um sich herum zu akzeptieren wie sie sind. Den Menschen ihre Freiheit zu lassen und ihre Einstellungen, Gedankenbilder zu respektieren. Oder zumindest so zu tun, als könne sie das.

Zuerst dachte ich, sie zahlt einen hohen Preis. Sie akzeptiert alles und verleugnet sich. Sie zahlt den Preis der Selbstaufgabe. Später habe ich gemerkt, sie macht es als Theaterspiel. Ihre andere Meinung macht sie mit sich aus. Sie versucht, die Verbindung zu ihren Kindern aufrechtzuhalten, indem sie deren Bilder übernimmt und bestätigt. Mein Mann hatte sich schon abgenabelt, als wir uns kennenlernten. Und zwar ziemlich schroff.

So kam für seine Mutter mit mir eine neue Hoffnung auf mehr Nähe. Er überläßt mir seitdem den gesamten kommunikativen Part. Wenn sie anruft, spricht sie immer mit mir.

Als wir uns kennenlernten, hatte noch keines ihrer Kinder eine Familie gegründet. Die Tochter lebt allein. Ihr Mann hat sich von ihr getrennt. Und ich kam zu dieser Familie als jemand, der schon gereift und einigermaßen erwachsen war. Durch mich konnte plötzlich ein anderer Teil von ihr auch endlich gelebt werden.

Sie sieht das auch so und spricht das aus. Ich konnte übrigens auch begreifen, daß ihr Mann sie verlassen hat, nachdem ich sie einen ganzen Tag reden gehört hatte.

Sie war im Grunde total verzweifelt. Ganz unten. Das hat sie ihren Kindern aber nie gezeigt. Irgendwie war sie an einem Punkt, wo sie das Gefühl hatte, nichts sei ihr richtig gelungen. Nicht so, wie es hätte gelingen müssen. Und sie sagt mir heute noch, daß sie so froh ist, daß sie alles durchgehalten hat. Weil sie jetzt mich und meine beiden Kinder hätte. Dadurch habe sie eine neue Chance bekommen. Es hätte sich durch uns etwas Neues entwickelt, was ihr sehr viel geben würde. Sie habe gesehen, daß das Leben noch nicht zu Ende geht. Daß es doch immer etwas Neues gibt, gerade für einen älteren Menschen.

Das bedeutet natürlich viel Verantwortung für mich. Ich könnte mich niemals einfach so von meinem Mann trennen. Ich weiß, daß sie das nicht aushalten könnte. Aber ich kann diese Verantwortung auch tragen.

Daß sie mehr mit mir als mit meinem Mann redet, finde ich sehr schön. Und ich merke, daß auch für die Kinder ein älterer Mensch sehr wichtig ist. Alte Menschen zu erleben, sie ist 70, ist doch auch sehr bereichernd. Ich finde, wenn man eine Brücke zu älteren Menschen schlagen kann, daß sie sehr wichtig sind für eine Familie. Ich finde es nicht normal, daß Kinder nur junge oder Menschen mittleren Alters erleben. Es ist eine wichtige Erfahrung für Kinder, intensiv mit älteren Menschen zusammensein zu können. Sie auch akzeptieren zu lernen. Ältere Menschen sind ja nicht leicht im Umgang. Sie stammen eben aus einer ganz anderen Zeit, haben andere Wertvorstellungen. Die Blütezeit meiner Schwiegermutter waren die 40er und 50er Jahre, und wenn sie redet, leben diese Zeiten wieder auf.

Ich find's wichtig, nicht nervig. Aber meine Einstellung zu ihr hat sich entwickeln müssen. Anfangs war ich schockiert und habe schnell mitbekommen, daß sie zwar unheimlich freundlich tut, daß sich in ihrem Kopf aber doch viele andere Dinge abspielen. Bei unserer Hochzeit wurde das deutlich. Da fragte meine Freundin sie, wie es denn sei, jetzt eine Schwiegertochter zu haben. Da sagte sie: »So schlimm, wie ich dachte, ist es wohl nicht.« Daran sah ich, sie kommt doch nicht so leicht damit klar, wie sie nach außen hin tut.

Von beiden Seiten war die Bereitschaft da, aufeinander zuzugehen. Die Familie aufzubauen. Meine Schwiegermutter ist zum Glück kein Mensch, der einem dauernd auf der Pelle hockt. Aber wenn sie da ist, dann ist sie eben sehr intensiv. Doch sie hilft auch viel. Irgendwann habe ich beschlossen, ihr richtig zuzuhören. Ich habe aufgehört, zu sagen, interessiert mich nicht. Ich konnte ihren Redefluß nicht stoppen und habe dann den Trick angewandt, in mir Bilder entstehen zu lassen, wie es gewesen sein könnte. Mit dieser Einstellung habe ich sehr interessante Stunden mit ihr verbracht. Wie sie ihr Leben damals erlebt und gemeistert hat, diese Sachen schwirren bis heute in ihr rum.

Normalerweise hört ihr keiner mehr zu. Ich habe gemerkt, ich konnte Interesse dafür entwickeln. Im Gegensatz zu anderen, denen sie die Geschichten auch immer wieder erzählt und die sie angeödet hat. Auch über ihre Ehe hat sie mir erzählt, und sie hat mir Sachen erzählt, die ihre eigene Tochter nicht von ihr weiß. Es hat sich durch meine Bereitschaft, auf sie einzugehen, ein gutes Frau zu Frau-Verhältnis zwischen uns entwickelt.

Wenn mein Mann sich mir gegenüber unmöglich verhält oder sich schlecht benimmt, ist sie nie auf seiner Seite: Sie ist immer auf meiner Seite. Sie ist richtig solidarisch. Sie sagt zwar nichts laut gegen ihn, das würde sie nie tun. Sie ergreift nicht offen Partei, aber ich bemerke an Blicken und wie sie sich raushält, daß sie zu mir steht. Und mein Mann merkt es auch. Sie hat nie in ihrem Leben aufgemuckt. Nicht bei ihrer Mutter, nicht bei ihrer Schwiegermutter, nicht bei ihrem Mann.

Und auch nicht bei Sohn und Tochter. Ihre Kinder sind nicht in der Lage, sich auf sie einzulassen.

Ältere Leute haben halt die Eigenart, daß sie nie gelernt haben, zu kommunizieren. Gerade unsere Elterngeneration. Jeder will halt sein Ding anbringen. Mein Mann kann damit nicht umgehen. Er ist einerseits dankbar dafür, was seine Mutter ihm an Liebe gegeben hat. Er ist ein sehr kreativer Mensch geworden, in der Lage, anderen zu helfen. Er ist ein guter Mensch geworden. Aber er ist sehr weit über seine Mutter hinausgewachsen und hat eben den Respekt verloren. Mir fällt das heute nicht mehr so auf, aber wenn Freunde mit dabei sind, sind die oft entsetzt, wie wenig Achtung er vor ihr hat. Ich vermute, er hatte oft das Gefühl, daß niemand ihn richtig wahrnimmt. Das ist eine Erfahrung, die er bei seiner Mutter gemacht hat. Sie hat ihre Kinder in einer bestimmten Form haben wollen. Und durch ihre ewigen Monologe ist sie nicht in der Lage, den anderen wirklich wahrzunehmen. Das nimmt mein Mann ihr heute noch übel.

Ich muß ihm immer genau zuhören, er ist sehr empfindlich. Ich muß ihm manchmal eine Mutter sein. In bestimmten Situationen muß ich ausgleichen, was er von seiner Mutter nicht bekam. Er möchte, daß ich ihn heile. Ich kann das akzeptieren, denn ich verlange auch viel von ihm. Er darf beispielsweise nichts machen, was ich von meinem Vater gewöhnt bin. Da reagiere ich sehr empfindlich. Insofern gleicht es sich aus. In einer Beziehung ist es ja immer so, daß man alte Dinge aufarbeitet. Das ist auch wichtig.

Und meine Schwiegermutter fordert durch ihr Verhalten eine gewisse Respektlosigkeit heraus. Man kann das mit ihr machen.

Klar, es gibt auch Situationen, wo sie mich ganz schrecklich nervt. Ich bin ja keine Heilige. Keiner kann sich stundenlang Monologe anhören. Ich habe auch gelernt, einfach zu gehen. Ich kann sagen, ich mag jetzt nicht. Insofern bin ich auch respektlos ihr gegenüber. Aber ich bin nicht verletzend. Ich grenze mich ab, und das ist für uns beide in Ordnung. Sie trägt mir so was nicht nach. Mein Mann würde damit leben können, keinen Kontakt zu seiner Mutter zu haben. Er muß nicht aus Schuldgefühlen heraus immer zu ihr fahren.

Ich glaube, wir sind beide so erwachsen, daß wir uns von alten Familienbindungen gelöst haben. Deshalb bekommen wir über solche Dinge auch keinen Streit. Wir haben beide Trennungskämpfe durchgestanden. Dadurch ist unser Kontakt zu unseren Familien heute freiwillig. Hinzu kommt, daß unsere Mütter auch nicht sonderlich abhängig von uns sind. Es gibt keinen Druck, keine Forderungen. Meine Schwiegermutter hat einen großen Bekanntenkreis. Sie ist sehr kontaktfreudig und sehr unternehmungslustig. Sie hat viele Freundinnen, macht sehr viel mit denen. Die alten Damen wandern, schwimmen, nehmen am kulturellen Leben teil. Meine Schwiegermutter gehört sozusagen zu den »neuen Alten«, die in ihrem Alter noch viel mit ihrem Leben anzufangen wissen. Sie wagt jetzt im Alter noch neue Schritte. Heute sagt sie: »Es war sogar gut, daß mein Mann mich verlassen hat. Weil ich gezwungen war, mir mein Leben selbst schön zu machen.« Das hat sie auch getan. Sie hat sich eine große innere Unabhängigkeit erarbeitet. Das trägt natürlich auch dazu bei, daß unsere Beziehung gut ist.

Zusammentreffen finden nur statt, weil beide es wollen. Auf freiwilliger Basis, kein Muß. Alle drei Monate sehen wir uns, und wir können auch unsere Kinder zu ihr geben. Der Ältere liebt sie sehr. Er langweilt sich zwar ein bißchen mit ihr, aber er liebt sie. Er fährt auch gerne hin, und obwohl er elf ist, schmust er viel mit ihr. Manchmal belehrt er sie auch, wenn sie wieder zuviel erzählt. Er fordert von ihr, daß sie das läßt. Das ist manchmal richtig witzig.

Das Wichtigste an unserer Beziehung ist die Unabhängigkeit voneinander. Es wird von keiner Seite zu viel erwartet oder gefordert. Keiner fühlt sich übermäßig verpflichtet. So geht es.

Sehr, sehr schön ist, wenn ich sie mal wirklich brauche, ist sie da. Das hatte ich bei meiner Mutter nicht. Ich habe es mir immer gewünscht. Meine Mutter war nie so da für mich. Sie hatte drei Kinder, und sie wollte auch noch für sich etwas vom Leben haben. Meine Schwiegermutter dagegen ist da. Sie mag Familie, sie mag Kinder. Ich kann sie anrufen, wenn ich unglücklich bin. Sie kann mich wirklich trösten. Ich belaste sie natürlich nicht mit meinen tiefsten Problemen. Dafür habe ich Freunde. Aber ich muß mich halt nicht verstellen, wenn es mir nicht so gutgeht. Es reicht oft schon das Wissen, sie würde kommen, wenn ich sie brauche.

Umgekehrt ist es so: Wenn sie sich nicht mehr helfen könnte, würde ich sie durchaus zu mir nehmen, wenn ich genug Platz hätte. Das weiß sie auch. Es ist einerseits die Unabhängigkeit, andererseits die freiwillige Verpflichtung. Meine Schwiegermutter wird niemals zu den bitteren Frauen gehören, die beklagen, was sie alles ihren Kindern geopfert haben und heute nicht zurückbekommen. Sie konnte ihre Kinder freigeben, im Gegensatz übrigens zu ihrer eigenen Schwiegermutter, die es nie geschafft hat, ihren Sohn freizulassen.

9
Hilfe von außen

Professionelle psychologische Hilfe ist oft genug der einzige Ausweg aus einem tiefen seelischen Dilemma. So sehr man auch das Für und Wider einer Therapie abwägen mag, letztlich bleibt es eine rein persönliche Entscheidung, ob, wann und wen man um psychologischen Rat und Hilfe fragt. Tatsache aber ist, daß das Thema Schwiegermutter in Paar- oder Familien-Therapien häufiger zur Sprache kommt, als man vermuten könnte. Und traurige Tatsache ist auch, daß scheinbar nebensächliche Schwiegermutter-Probleme manchmal im Familiendrama enden.

Wenn in der Familie Konflikte entstanden sind, die von den Beteiligten nicht mehr aus eigener Kraft oder mit Hilfe von Freunden gelöst werden können, kann es sinnvoll sein, eine Beratung in Anspruch zu nehmen. Öffentliche Erziehungs- und Beratungsstellen sind entweder kostenlos oder vergleichsweise günstig (zwischen 10 und 20 Mark), da sie von der Stadt oder der Gemeinde finanziert sind. Sie sind zuständig für die Beratung und Behandlung von Problemen bei Kindern, Jugendlichen, Eltern und Familien. Das gilt auch für hartnäckig festgefahrene Auseinandersetzungen von Schwiegerverhältnissen – wenn beispielsweise die Ehefrau ständig mit dem Partner über Dinge streitet, die auf das Mutter-Sohn-Verhältnis zurückzuführen sind, er sich aber weigert, ein klärendes Gespräch zu dritt zuzulassen oder überhaupt zu akzeptieren, daß seine Beziehung zur Mutter irgend etwas damit zu tun hat. Probleme mit der Schwiegermutter gehören für viele immer noch in den tabuisierten Bereich der »schmutzigen Wäsche, die man nicht außer Haus zu waschen hat«. Den meisten Menschen ist es ausgesprochen peinlich zuzugeben, daß sie nicht mit ihren Schwiegereltern klarkommen. Lieber fressen sie den Frust in sich hinein, als sich selbst, dem Partner oder Freunden gegenüber einzugestehen, daß die Quelle des schwelenden Konflikts weiter zurückliegt, zum Beispiel in dem Verhältnis des Sohnes zu seiner immer noch latent dominanten Mutter. Typisch für solche Ursachen-Verdrängungen sind scheinbare Mißverständnisse, aufreibende Dauerstreits und zähe Auseinandersetzungen über Lappalien, bei denen Partner einfach nicht begreifen, wo der tatsächliche Konflikt liegt.

Im Folgenden sind öffentliche Beratungsstellen aufgeführt. Wichtig erschienen uns die Telefonseelsorge als Hilfsangebot für akute Krisensituationen und eine regionale Auswahl aus der Vielfalt für eher langfristig angelegte Therapieangebote.

Adressen

Nicht für jeden ist das Telefon geeignet, um ausführlich über Probleme zu sprechen. Dennoch: Wer sich in einer akuten Krisensituation befindet, kann sich jederzeit an die Telefonseelsorge wenden. Die Beratungsstellen in evangelischer und katholischer Trägerschaft sind für die alten Bundesländer einheitlich unter den Anschlüssen 1 11 01 bzw. 1 11 02 Tag und Nacht zu erreichen. Diese Sondernummern haben keinen Zeittakt, das heißt für jedes Gespräch wird nur eine Einheit berechnet.

Die Telefonseelsorge in den neuen Bundesländern hat
jeweils eigene Telefonnummern:

Cottbus 03 55/37 28 33

Rostock 03 81/4 59 01 20

Dresden 03 51/4 95 23 33

Halle 03 45/50 12 08

Erfurt 03 61/6 43 33 30

Noch in Planung sind Telefonseelsorgen in Greifswald
und Leipzig.

Für die neuen Bundesländer gilt der Zeittakt noch
nicht. Auch sind hier nicht alle Telefonseelsorge-Stel-
len rund um die Uhr besetzt.

Jeder Anrufer oder Anruferin wird – unabhängig von
konfessioneller Bindung – beraten.

Baden
Landesstelle für die Lebens-, Ehe- und Erziehungsberatung im
Diakonischen Werk der Landeskirche Baden
Vorholzstraße 7
73137 Karlsruhe
Tel.: 07 21/16 83 26

Katholische Eheberatungsstelle Karlsruhe
Nelkenstraße 17
76135 Karlsruhe
Tel.: 07 21/84 22 88

Bayern
Beratungszentrum München e. V.
Abt. Ehe- und Lebensberatung
Landwehrstraße 15
80336 München
Tel.: 0 89/5 90 48–0

Ehe-, Partnerschafts- und Familienberatung München e. V.
Dachauer Straße 23 IV.
80335 München
Tel.: 0 89/53 00 94

Erziehungs-, Jugend-, Ehe- und Familienberatungsstelle
Stanigplatz 10
80933 München
Tel.: 0 89/31 40 01 33

Berlin
Zentralinstitut für Familienberatung GmbH
Matterhornstraße 82/84
14129 Berlin
Tel.: 0 30/8 03 80/81/82

Beratungsstelle für Ehe-, Familien- und Lebensberatungsfragen
des Caritasverbandes e. V.
Kolonnenstraße 38
10829 Berlin
Tel.: 0 30/7 81 30 61

Berlin-Brandenburg
Diakonisches Werk der Evangelischen Kirche Berlin-Brandenburg
Schönhauser Allee 141
10437 Berlin
Tel.: 0 30/4 47 51 71

Bremen
Familien- und Lebensberatung
Carl-Ronning-Straße 2
28195 Bremen
Tel.: 04 21/1 80 61/62

Beratungsstelle für Ehe-, Familien- und Lebensfragen
Balgebrückstraße 22
28195 Bremen
Tel.: 04 21/32 42 72

Hamburg
Beratungsstelle für Erziehungs-, Ehe- und Lebensfragen im
Diakonischen Werk
Bugenhagenstraße 21
20095 Hamburg
Tel.: 0 40/33 42 246–249

Beratungsstelle für Ehe-, Familien- und Lebensfragen
An der Alster 11
20099 Hamburg
Tel.: 0 40/24 65 24

Hessen

Frankfurt/Main
Psychologische Beratungsstelle des
ev. Beratungszentrums
– Haus am Weißen Stein –
Eckenheimer Landstraße 565
60435 Frankfurt/M.
Tel.: 0 69/53 02 – 2 20/2 21

Ehe- und Sexualberatung
(Haus der Volksarbeit e. V.)
Eschenheimer Anlage 21
60318 Frankfurt/M.
Tel.: 0 69/1 50 11 40

Mecklenburg

Beratungsstelle für Erziehungs-, Ehe- und Lebensfragen
Friedhofsweg 11
18057 Rostock
Tel.: 03 81/2 28 44

Niedersachsen

Evangelische Lebensberatung
Oskar-Winter-Straße 2
30161 Hannover
Tel.: 05 11/62 50 28/29

Ehe-, Familien- und Lebensberatung
Ellernstraße 28
30175 Hannover
Tel.: 05 11/85 45 42

Rheinland

Ev. Hauptstelle der Familien- und
Lebensberatung im Rheinland
Rochusstraße 44
40479 Düsseldorf
Tel.: 02 11/35 10 – 3 15/3 16/3 18–3 21

Beratungsstelle für Ehe-, Familien- und Lebensfragen
Klosterstraße 88
40211 Düsseldorf
Tel.: 02 11/35 02 11

Rheinland-Pfalz
Diakonisches Werk der Ev. Kirche in der Pfalz
– Bodelschwingh-Haus –
Roßmarktstraße 39
67346 Speyer
Tel.: 0 62 32/13 05–33

Erziehungs-, Ehe-, Familien- und Lebensberatungsstelle
des Bistums Trier
Sichelstraße 10–12
54290 Trier
Tel.: 06 51/7 58 85

Saarland
Beratungsstelle für Erziehungs-, Ehe- und Lebensfragen
Heinestraße 11 a
66121 Saarbrücken
Tel.: 06 81/6 57 22

Erziehungs-, Ehe-, Familien- und Lebensberatungsstelle
des Bistums Trier
Halbergstraße 3
66121 Saarbrücken
Tel.: 6 81/6 67 04

Sachsen
Dresden
Ehe- und Lebensberatung
Stadtmission Dresden e. V.
Kreuzstraße 7
01067 Dresden
Tel.: 03 51/4 95 20 68

Leipzig
Ehe- und Lebensberatung
Innere Mission Leipzig
Ritterstraße 5
04109 Leipzig
Tel.: 03 41/29 22 88

Sachsen-Anhalt
Ehe-, Familien- und Lebensberatung
Puschkinallee 1
06846 Dessau
Tel.: 03 40/54 25

Schleswig-Holstein
Hauptstelle für Erziehungs-, Familien-, Ehe- und Lebensberatung
beim Diakonischen Werk – Geschäftsstelle Schleswig-Holstein
Kanalstraße 48
24768 Rendsburg
Tel.: 0 43 31/5 93–2 41/2 42

Beratungsstelle für Ehe-, Familien- und Lebensfragen
Adolfstraße 31
24105 Kiel
Tel.: 04 31/45 26 06

Thüringen
Ehe-, Familien-, Erziehungs- und Lebensberatung
Karl-Marx-Straße 41
03691 Eisenach
Tel.: 0 36 91/7 54 77–36 01

Vorpommern
Ehe-, Familien-, Erziehungs-, Lebens- und
Schwangerschaftsberatung
Lange Reihe 88
17489 Greifswald
Tel.: 0 38 34/20 93

Westfalen
Hauptstelle für Familien- und Lebensberatung in der
Ev. Kirche von Westfalen
Buscheystraße 33
58089 Hagen
Tel.: 0 23 31/33 10 98

Beratungsstelle für Ehe- und Lebensfragen
Bergstraße 63
58095 Hagen
Tel.: 0 23 31/1 34 34

Beratungsstelle für Ehe-, Lebens- und Erziehungsfragen
III. Hagen 7
45127 Essen
Tel.: 02 01/22 05–2 26

Württemberg
Landesstelle der Psychologischen Beratungsstellen der
Ev. Landeskirche in Württemberg
Augustenstraße 39 b/III.
70374 Stuttgart
Tel.: 07 11/6 15 93 56

Katholisches Beratungszentrum
Konprinzenstraße 22
70173 Stuttgart
Tel.: 07 11/29 47 75

Österreich
»Telefonseelsorge«
Zentralnummer für alle 9 Bundesländer: –1770
in den Städten (mit der jeweiligen Vorwahl, falls von außerhalb):
Dornbirn
Eisenstadt
Graz
Innsbruck
Klagenfurt
Linz
Salzburg
Sankt Pölten
Wien
Adressen, Telefonnummern und Öffnungszeiten der Familien- und
Partnerberatungsstellen sind kostenlos im Bundesministerium für
Umwelt, Jugend und Familie erhältlich, und zwar unter der Telefon-
nummer des Familienservice 06 60/2 01 (zum Ortstarif aus ganz
Österreich erreichbar).
Die Familienservicestelle des Bundesministeriums für Umwelt, Ju-
gend und Familie ist eine Anlaufstelle für alle Arten familiärer Pro-
bleme. Erreichbar ist sie Montag bis Freitag, in der Zeit von 8.00 bis
16.30 Uhr unter zwei Telefonnummern:
- Unter der Wiener Telefonnummer 5 34/75/180 oder 152
  (Vorwahlnummer für Wien 01)
- Unter der Postservicenummer 06 60/2 01 bzw. 06 60/2 02 (ohne Vorwahl aus ganz Österreich zum Ortstarif erreichbar).

Schweiz
Ehe- und Familienberatung
Aarbergergasse 36
3000 Bern
Telefon 031 312 10 66

Familienberatungs-Stiftung der Schweiz
Waffenweg 15
3000 Bern
Telefon 031 333 02 13

»Die dargebotene Hand e. V.«
Zentralnummer: –143

in den deutschsprachigen Städten (mit der jeweiligen Vorwahl, falls
von außerhalb):
Aarau
Basel
Bern
Biel
Chur
Luzern
Winterthur
Zürich

Bibliographie

Patricia Aburdene, John Naissbitt: »Megatrends für Frauen«; Düsseldorf 1993
Leah S. Averick: »Schwiegereltern und andere liebe Verwandte«; Stuttgart 1992

Felicitas Bachmann: »Vom Ja-Sagen und Nein-Meinen. Weibliche Sozialisation und Sexualität«; Hamburg 1988
Cheryl Benard, Edit Schlaffer: »Die erste Liebe. Wie Frauen ihre Söhne prägen«; München 1993
Cheryl Benard, Edit Schlaffer: »Sagt uns, wo die Väter sind. Von Arbeitssucht und Fahnenflucht des zweiten Elternteils«; Hamburg 1993
Edward W. Beal, Gloria Hochman: »Wenn Scheidungskinder erwachsen sind«; Frankfurt am Main 1992
Robert Bly: »Eisenhans«; München 1991
Renate Brandl, aus: »Schwiegermutter ist die Beste«; Frankfurt am Main 1966
Manfred Bretz, Frank Niemeyer: »Private Haushalte gestern und heute«, in: Statistisches Bundesamt; Wiesbaden 1992

Lucy Rose Fischer: »Linked Lives«; New York 1986
Barbara Franck: »Mütter und Söhne – Gesprächsprotokolle mit Männern«; Hamburg 1981
Sigmund Freud: »Gesammelte Werke in Einzelbänden«; Frankfurt am Main 1987
Herbert Freudenberger, Gail North: »Burn-out bei Frauen«; Frankfurt am Main 1992

Ernst Heimeran: »Das Portrait des Schwiegervaters und der Schwiegermutter«; München/Berlin 1958

Wilhelm Johnen: »Die Angst des Mannes vor der starken Frau«; Frankfurt am Main 1992

Wolfgang Krüger: »Das schwierige Glück der Freundschaft«; München 1993

Christiane Olivier: »Jokastes Kinder – Die Psyche der Frau im Schatten der Mutter«; Paris 1980

Christine Paul, Hermann Voit, Winfried Hammes: »Entwicklung der Privathaushalte bis 2010«, in: Statistisches Bundesamt; Wiesbaden 1992
Loren E. Pedersen: »Das Weibliche im Mann«; München 1992
Volker Elis Pilgrim: »Muttersöhne«, Düsseldorf 1986
Volker Elis Pilgrim: »Vatersöhne«; Hamburg 1993
Hannelore Pöschl: »Formen des Zusammenlebens«, in: Statistisches Bundesamt; Wiesbaden 1989

Hermann Voit: »Haushalte und Familien«, in: Statistisches Bundesamt; Wiesbaden 1991
Hermann Voit: »Haushalts- und Familientypen 1972 und 1990«, in: Statistisches Bundesamt; Wiesbaden 1992

Wilfried Wieck: »Söhne wollen Väter«; Hamburg 1992

Anmerkungen

1 Schwiegermutter ist die Beste, aus: Kleine Bettlektüre für die beste aller Schwiegermütter, Scherz Verlag Bern, München, Wien
2 Wilfried Wieck: »Söhne wollen Väter«; Hoffmann und Campe, Hamburg 1992
3 Volker Elis Pilgrim: »Muttersöhne«; Claassen Verlag, Düsseldorf 1986
4 ders.
5 Wilfried Wieck (a.a.O.)
6 ders.
7 Wilhelm Johnen: »Die Angst des Mannes vor der starken Frau«; Krüger Verlag, Frankfurt am Main 1992
8 Ernst Heimeran, aus: Kleine Bettlektüre ... (a.a.O.)
9 Loriot: Ödipussi, Diogenes Verlag, Zürich
10 Volker Elis Pilgrim (a.a.O.)
11 Wolfgang Krüger: »Das schwierige Glück der Freundschaft«; Piper Verlag, München, 1993
12 Herbert Freudenberger, Gail North: »Burn – out bei Frauen«; Krüger Verlag, Frankfurt am Main, 1992

Regine Schneider
Powerfrauen
Die neuen Vierzigjährigen

Band 12946

Natürlich ist die Mitte des Lebens mit Veränderungen verbunden. Auch mit unangenehmen. Die Krise, die viele Frauen während dieser Zeit erfaßt, wird heute jedoch zur bewußten Bilanzierung genutzt. Sie wird als Chance begriffen, Weichen anders zu stellen, und als Möglichkeit, etwas Neues anzufangen. Viele Frauen stellen um 40 ihr bisheriges Leben völlig in Frage, beginnen eine Therapie, lassen alte, unbrauchbare Muster hinter sich und finden heraus, was ihnen persönlich am besten entspricht. Sie stellen sich Entscheidungen, packen Probleme an und finden ein neues Selbstbewußtsein. In der Folge lassen sie oft verkrustete Beziehungen hinter sich, leben allein oder gründen erst jetzt eine Familie. Sie verabschieden die Kinder aus dem Haus oder bekommen ihr erstes Baby. Sie geben eine Karriere auf oder legen nach der Familienpause erst richtig los. Jede, wie es ihr entspricht. In Protokollen erzählen Frauen von ihren Veränderungen, ihren Krisen und was sie daraus gemacht haben. Zu den Protokollen gehört jeweils ein Theorieteil, der sich mit der Bedeutung der Lebensmitte, mit Themen, die in dieser Zeit anstehen, befaßt.

Fischer Taschenbuch Verlag

fi 806 / 6